品嘗好書　冠群可期

品嘗好書　冠群可期

社會人智囊

61

這趟人生無限好

李奕盛　編著

大展出版社有限公司

序　言

有一種人，遇到麻煩時會感到窮途末路和迷失；另一種人，在遇到麻煩時，會想盡一切辦法謀生。人生逆境十之八九，從消極面來看，挫折是信心的殺手；但從積極面來看，危機未嘗不是轉機。

「瞭解自己」才知道做人方向，「相信自己」才明瞭人生希望；「完成自己」才能光大生命。看清了問題，便能分別是非；看準了問題，便能解決是非；看透了問題，便能化除是非。

人生沒有幸運這回事，它只不過是永遠忠於職守，準備好日子來臨的代名詞。人，若要達到目標，有「勢力」及「毅力」二途徑，它沈默的力量隨時間發展而至無可抵抗。

人生苦短，切勿坐耗時光，緊緊抓住你的夢，讓夢可以來去自如；成長、茁壯，成功的甜蜜，它無所不在。

前著《這趟人生怎麼走》著重於人生、工作、友情、境遇等方面的自我策勵。《這趟人生無限好》則著墨於金錢、心情、知識、成功方面的座右銘以補前者不足之處。

人生就是真理，真理亦是人生，失意時不忘志，得意時不忘形的人，必成大器——願與大家共勉。

目錄

第一章　金錢・

第二章　名譽・

第三章　心·

第四章　希望・

第五章　知識・

第六章　成功・

第一章　金錢

‧不要沈溺於金錢遊戲中

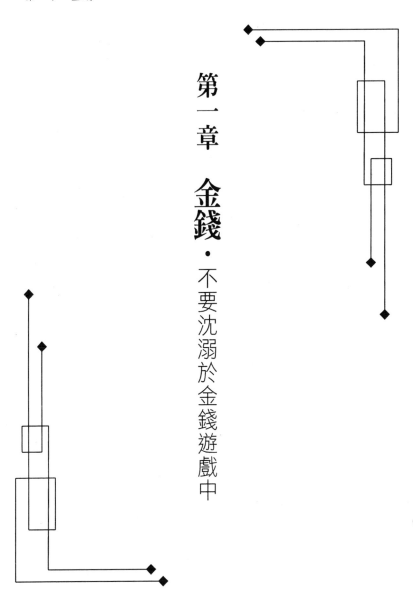

不羨他人之富有
不嘆己之貧窮
人應該是戒貪、恐奢！

日本詩人
——一茶

自己花錢的情形，朋友有話說時……

注意用錢的方法

「我自己的錢要怎麼花用，那是我的自由。別人憑什麼來干涉？」對朋友的忠告不屑一顧，更反過來批評朋友是在干涉別人的私生活。

的確，個人的錢財要怎麼使用，這是個人的自由。可是也不可因爲這樣而無度地揮霍，因爲揮霍無度的結果，一定會給自己帶來困擾。

錢財這種東西，即使在你已經大量擁有的時候，也一定要儲存部分以備不時之需。

德國詩人——威克裴林說：「人生是海，錢財是航船的舵手；要是沒有舵手，我們將無法順利地渡過人海。」

如果到了有一天需要用錢而自己卻已經沒有錢時，後悔就來不及了。爲了要順利地渡過萬一的情況，現在，就應該重新檢討用錢的方法。

自己有一部新車那該多好……

千萬不要衝動的購買

「最近市場上推出頗合我意的新車，價錢也很合理。如果採用分期付款的方式，我應該是可以負擔得起才對，不過……。」

有人看了新車的廣告後，這樣地自言自語。

現在的社會，幾乎任何一件東西都可以用貸款或分期付款的方式來交易。可是，如果對象是車子，幾乎每年各家廠商都會推出新車，如這樣下去，豈不是每年都會動心而且是沒完沒了。

羅馬的政治家——卡棟說：「你想要的東西並不一定要買，但對你是必要的東西則非買不可。」

對車子是如此，對其他的東西也一樣必須遵守這個原則。重新過濾一下自己所買過的所有物品，或許你將發現，有些東西根本不曾使用。

要克制衝動購買慾，買東西時，應該仔細考慮後再付諸於行動。

我替公司賺了不少錢，但公司卻……

不要對薪水的事表示不滿

「公司每年都賺了不少錢，而且我也盡心盡力地為公司打拚，可是公司卻一點也不加薪……。」

有很多人，對公司給他的薪水，都會有這樣的不滿吧！領薪水的人，誰都會因加薪而高興，因不加薪或加得太少而有不平或不滿。

但是，私底下發牢騷，終究是無法改變薪水的數量。日本的社會運動家——堺利彥說：「人的力量如果只能換取到月薪，通常會變得衰弱。可是，如果要想獲得月薪以上的報酬，大多數的人都會因此而墮落。」

因為為了要想獲得比月薪更多的報酬，最快的捷徑是自己創業當老闆。如此一來，自己的能力越大所得也就會越多。可是，相對地，這樣做的人，他自己所要負擔的風險也就越大。

朋友要來借錢

朋友之間要避免金錢的借貸

「朋友要我借錢給他。但所提出的金額卻是我能力範圍外的數字，可是，要是拒絕，又怕會失去這位朋友，實在不知該如何是好……。」

朋友交往之間，這大概是最令人感到困擾的事吧！

可是，自己做不到的事，就應該明白地拒絕。婉轉地說明實情，找出自己可以幫助的其他事，來幫助朋友，這樣才是應有之道。

基本上說來，朋友之間應該避免有金錢的借貸關係。除了金錢以外，其他一定還有互相幫助的事。

德國的哲學家——哈吾威爾說：「人，通常不會因爲拒絕借貸的事而失去朋友，反而常常是因爲借貸了金錢，而喪失了友情。」

因爲明白地拒絕反而可以保持友誼，所以遇到這種情況，就應該提起勇氣才對。

朋友拒絕貸款

要體察朋友的本意

「本以爲要是他的話，一定會借錢給我才對，沒想到他卻拒絕了。真不夠朋友。啊！現在該怎麼辦好呢？……」

被朋友拒絕而惱羞成怒，批評朋友的人並不少。

可是，遇到這種情形時，應該平心靜氣，冷靜地想想。如果因爲朋友沒有做出令你滿意的回應，就怪罪他，這是否太不講道理了！在這種時候，我們應該要去體察朋友的用心。

英國的劇作家——莎士比亞說：「錢一借出去，既會失去朋友也會失去錢財；借了錢，則儉約的心會變得遲鈍。」

說不定，不借錢給你的那位朋友，是這樣想的也說不定。換句話說，就是，對方爲要更固守彼此之間的友情，所以才狠下心來出此下策吧！

對於朋友的用心反而要心存感謝才對。

借出去的錢要不回來……

錢既然借出去了就不要去想它

「把錢借給了朋友，可是對方卻一直沒拿來還。我也不好意思去催討，不知該怎麼辦才好？……。」

借出去的錢，卻要不回來，這種事是很令人心煩的。

要是你一定無論如何要對方還錢，或許這筆債是可以要得回來。可是相對的，你也可能因此而失掉一位朋友。

甚至最壞的情形是，錢沒要回來，朋友也失掉。

英國的神學者——佛拉說：「與其借錢給朋友，不如給他一先令（貨幣的單位），否則你將會損失二先令半。」

不要爲已經借出去的錢而做無謂的煩惱。最好能夠乾脆把它忘掉。然後注意不要再次借錢給別人的事。

那傢伙真會賺錢

自己也要勇於投資

「那傢伙平常用錢很闊，相反地，我就比他節儉了許多。可是，爲什麼他總是比我有錢呢？」

一想到自己雖然節衣縮食地生活，可是就是存不了多少錢，不禁令人感嘆萬千。

問題的癥結是別人的錢是用在什麼地方。

比如說，對方並不是糊裡糊塗地揮霍，而是有所目的地在用錢。如果是這樣，那就絕不是浪費。

因爲，或許他所用出去的錢，不久之後就會變成二、三倍回來。

羅馬的喜劇作家——布拉吾道斯說：「想要賺錢，你就必須要發錢。」

錢財必須要有效地使用。爲此，必須培養自我投資的眼光和能力。

應拿來還的錢卻沒拿來……

事前就要有所打算

「突然臨時需要用錢，所以本來這個月要還債的錢，怎麼也湊不來。這下子真不知要如何向對方解釋才好。」

明知有債要還卻湊不出錢的人，如此煩惱著。

既然不得已向人借了錢，對於還錢的期限一定遵守。也就是說，要向別人借錢之前就應該先把自己還債的能力計算清楚，然後再去借錢。

不要等到債期已近，才煩惱不知如何是好。

德國的劇作家——雷信格說：「如果不知道如何還錢，就不要向別人借錢。」

因沒辦法而借錢的情況下，要先考慮還錢的事，注意遵守還錢日期，儘早還錢。

別人笑我是吝嗇鬼

該用時不省

「我捨不得花錢，沒想到別人就說我是吝嗇鬼。其實把錢都拿去存起來不花用，這種事也不見得很快樂啊！爲什麼大家都不這樣爲我想想呢？」

有這種情形的人，通常都極力逃避與人交際。因爲，交際是多少要花錢的。

的確，儲蓄絕不是一件容易的事。可是因爲如此而失掉更重要的東西，到頭來，人生可能會得不償失。

所謂更重要的東西是——朋友，人際關係。

羅馬的劇作家——普魯斯達說：「儲蓄金錢就是爲了消費金錢。」

處理金錢的原則是當省不用，當用不省。錢財是在其使用時，才顯現其價值。

東西賣便宜點，上司就不高興

不要對金錢的感覺麻痺了

「為了搶生意，稍把東西賣便宜了點，沒想到上司竟然怪罪下來。我這樣做也是為了公司的業績啊！上司的做法實在令人無法接受。」

一位店員如此憤憤不平地說。

做生意的情形，只要有過一次打折降價求售的經驗後，就會有第二次、第三次……的類似行為。為什麼呢？因為打折降價是促銷最簡單的方法。

但是，如果不二價之類的商店，這種折扣促銷的作法，就無異是一種自我削減利益的行為。

日本詩人——吉田兼好說：「一錢也不輕易放棄的行為，反覆累積的結果，貧人也會變富。」

世俗給我們一個警惕是，所銷售的商品，價格越高，當事者的金錢感覺就越麻痺。因為交易時，越會隨隨便便地打折扣。

別人都找到了新的工作，唯獨自己……
走人生的道路不可操之過急

「沒想到其他的同事都已經找到再就職的公司，而我雖然到處去應徵，至今卻一點消息也沒有……。」

公司在半年前就倒閉了。到今天幾乎其他的同事都已經有了新的工作，唯獨他至今仍無就職之處，於是如此略顯焦慮地說。

可是，這種事是急不得的。因爲這是個人一生的問題，無論如何，都應該精挑細選，仔細地選擇到至少自己能滿意爲止。

法國的哲學家——阿蘭說：「一個會賺錢的人，即使他身無分文，他還是擁有『自己』的財產。」

斷然辭掉穩當的公司的工作，和朋友一起創業，結果成功的人，是大有人在。

因此，最主要的是要先明確自己到底想要做什麼事，然後積極地來從事可以達成該目標的行動。

別人的生活真令我羨慕

捨棄執著於物質的心理

「那傢伙的生活真是太帥了。身上穿的是名牌的舶來品，開的又是高級的外國轎車……。真不知道我要怎麼樣做，才能像他那樣……。」

看到別人擁有豪華的生活，他如此羡慕地說。

可是，他畢竟是他，我再怎麼樣也還是我。拿別人的生活情形和自己的比，實在是一點意義也沒有。

一個人如果老是執著於車子、衣物、房子……等外在的物質，那始終就是沒完沒了。不管到什麼時候，這種人都永遠不會滿足的。

羅馬的雄辯家——奇伽洛說：「不奢望自己所有以外之物者，乃真富者。」

捨棄對物質的眷戀，捨棄私利私慾而尋找出對現狀的滿足感，這是必要的。

人生最重要的是，我做了什麼，而不應該是我得到了什麼，不是嗎？

沒有自己的房子總覺得抬不起頭

確立自我的生活模式

「朋友大都是有錢財又有自己的房子。只有我，到現在還是在向人租房子。實在是叫人抬不起頭來，偶爾就算是想邀朋友到住處來玩，都覺得不好意思……。」

現代的社會中，大概很多人都有如此慨嘆吧！

其實要買房子置產，是需要相當的勇氣。對於那種決斷力和努力，應該給予表示敬意。

不過，就算是只能向別人租房子住，也不是什麼丟人的事呀！

日本的詩人——小林一茶說：「不羨他人之富有，不嘆己之貧窮，人應該是，戒貪、恐奢！」

現代的社會中，生活的模式是多樣化的，而且各有其價值觀的存在。最重要的是，自己應該確立各自的生活模式，而不是到處與人比奢華。

要是能中彩券的話……

靠努力賺來的錢才有其價值

「要是能中彩券，那麼今生今世就可以不愁吃穿地逍遙過日了……。」

或許有很多人都會做這麼夢想吧！不過，假如真的運氣亨通中了高額的獎金，這些獎金是否真的能為他帶來幸福的人生，這可就難說了。

這種不勞而獲的東西，通常都是無法留得住的。甚至有時這種錢往往也會使得到它的人，其人格發生改變。

羅馬的劇作家——錫爾斯說：「一個突然暴富的人，無庸置疑的，他已開始遠離善良人類的族群。」

不勞而獲大財者，最後其對金錢的感覺一定會變得錯亂，也不再有勤勞的意慾，整個人生的原則都會逐漸偏離正道。

唯有靠自己的努力和勤勞而賺來的金錢，才會促使個人勤勞的意慾，讓我們認識到金錢的價值。

我一點財產也沒有……

財產要靠自己的雙手去賺取

「別人繼承了他父親的大筆財產，而我卻只是得一間空蕩蕩的房子，還有一大堆必須繳付的貸款……。」

他經常這樣地感嘆著自己，並羨慕別人。

可是，從另一方面來說，或許他是比較幸運、幸福的。繼承大筆遺產的人，無形中他便注定了一邊要固守那些遺產，一邊又必須要煩惱如何去創造更大的財產。

希臘的哲學家——提奧哥尼斯說：「繼承遺產的人只不過是擁有財富的人而已，他甚至只是那些財富中的一部分。」

創造財富、財產的確不是一件很容易的事，可是要守住固有的財產卻更困難。

沒有遺產，或許也可以說是就沒有負擔。自己如果想要財富，只要自己去奮鬥就可以了。只要果敢地持續努力奮鬥就可以了。

為什麼我總是賺不到錢

有失必有得

「我幾乎每天都在研究賺錢的祕訣，可是到現在一點錢也沒有賺到。真是搞不懂，到底要怎麼做，錢財才會來叩我的大門呢？」

雖然如此，可是一談到賺錢的事，他老兄可是馬上目露炯光。

正因爲每天僅是想著要如何賺錢的事，所以反而賺不到錢。做事情若老是以得失爲前提，事情可能就很難會成功。

美國的汽車大王——福特說：「錢財是可遇而不可求的東西。」

賺錢也是一樣。不要老是考慮眼前的得失，做事情時應該全力以赴，持續地努力，默默地耕耘下去，這樣，錢財自然就會隨後而來。

凡事要以有失必有得的精神，持續地努力做下去。

我父親倒下去了……
不要去想遺產的事

「當家父倒下時，三親五戚就陸續地趕來。沒想到大家才一聚在一起，就談起了遺產的繼承問題，甚至還有人當場就爭吵了起來……。」

這種不幸的事件，並不見得是戲劇上才會有。

可是，人如果會捲入了這種紛爭中，那麼這個人一定不會有所出息的。所以，萬一這種事情不幸就發生在你身邊，你一定要避開它。

希臘的歷史學家——亨洛德勒斯說：「擁有莫大財富的人，通常都是很不幸的。反倒是那些只有中庸之財者，反而才會受到幸福之神的青睞。」

不要去想遺產的事，自己要有開創自己的道路的勇氣和志氣。

只要對自己的工作全力以赴、努力奮鬥，最後一定能夠創造完全屬於自己的財富。

朋友竟然變成了陌路

不要過分執著於錢財

「我一直都把他當做是好朋友，可是沒想到才多久沒見，他竟然完全變了，變得就像是陌生人一般，這真是太可怕了。」

想起已有一段時間未見面的朋友，打電話去邀他出來聊聊，沒想到對方卻冷冰冰地拒絕。對方的回答很單純。他說，除非是可以賺錢的事，否則就沒有見面的必要。他感慨地認爲這是金錢把他的朋友改變了。

其實，並不是這樣。

並不是金錢把他的朋友改變了，而是他的朋友對金錢的想法和見識改變了。

英國有句名言說：「造成罪惡根源的並不是金錢本身，而是人對金錢的愛！」

沒有金錢的確是很令人困擾，可是對於金錢的慾望如果過分強烈，反而會更令人苦惱。因爲它將會使人爲了想要獲得金錢而不擇手段。

人對金錢應該不要太執著！

發覺自己必須償還一大筆貸款時……

既然借了錢就要有勇氣承擔後果

「唉！這怎麼辦才好呢？本以爲沒關係而接二連三地借錢，現在連本帶利已爲數可觀，超出個人的負擔，怎麼辦才好呢？」

當知道自己必須爲一點貸款，連本帶利償還一大筆錢時，才這樣唉嘆，悔不當初，都於事無補了。

一旦第一次向別人借了錢，就很容易會有第二次、第三次……。等到自己發現不對時，通常都快到無可救藥的地步了。因此，如果不得已向別人借了錢，一定要等這筆債款還清了以後，才可以考慮是否要再度去借錢。

英國的思想家——卡萊洛說：「借錢好比是一片無底的海。」

現在，你要是想借錢，大概隨時都可以借得到。可是償還債款可就不見得容易。因爲除了借來的金額外，你可能還要多付出一筆可觀的利息。

因此，最好是警惕自己不要向別人借錢。因爲事後發生困難時，就後悔也來不及了。

除了薪水還有工作獎金真令人羨慕

賺得多，付出的努力也相對得多

「我實在很羨慕朋友能在那種有獎金制的地方工作，只要公司賺了錢，員工就可以分到獎金和紅利；反觀自己做事的地方，就算是員工做死了，老闆也不會來憐憫一下……。」

聽到別人的工作報酬比自己的，竟然有這麼大的差別，他既羨慕又慨嘆地說。

事實上，不管是薪水制或獎金紅利制，有一個很淸楚明白的事情是，除非工作的人盡心盡力努力工作，否則都是不會得到優渥的回報。

英國的政治家——薛席羅斯說：「只要是具有敏銳的頭腦和勤勉的手，這種人所到之處，自然金幣滿地。」

換句話說，能夠賺錢的人，他必定也是隨時都在付出相對的努力。

孜孜不倦地努力，最後一定會得到甜美的結果。要謹記，在抱怨發牢騷之前，先要努力地做。

財產一定要固守……

不要做財產的奴隸

「我繼承的那些財產，無論如何都必須守住，所以除非萬不得已，否則絕不可能去投資那些哪怕只有一點危險性的事……。」

這種人可以說是，爲了守住財產而幾乎已經沒有自我的希望。如果硬要說他還擁有希望的話，那麼，他的希望充其量不過是固守先人的遺產吧！他的人生根本就是已經被那些遺產所支配著。

在這種情況下，他個人的希望和意志根本就沒有生長發展的餘地。羅馬的詩人——佛拉提吾斯說：「人和金錢的關係是，不是做主人就是變成奴隸。」

人應該要創造自我的人生，凡事都應該以不懼不畏的精神，果敢地去接觸。

執著於財產的固守，你將成爲財產的奴隸，而犧牲自己寶貴的一生了。

總覺得生活中好像缺少了什麼

拋棄物慾

「我現在有車子也有房子，手中還有一筆小存款。照理說，生活上也沒有什麼比不上別人的地方，可是，心理上總覺得好像還是少了什麼東西似的……。」

他這樣地說著，而挖空心思地探索著他到底還需要些什麼東西。

對於這種人來說，他所需要的大概是精神上的充實感吧！不是嗎？除非他的內心有滿足的感覺，否則他的煩惱勢必會繼續持續下去。

心靈的充實並不是金錢可以買得到。要得到它，反倒是，非拋棄對物質的慾望不可。

法國的哲學家——摩提紐說：「財物的貧困易治，靈魂的貧困難解。」不管生活的水準已經達到任何的高峰，心靈若不充實，生活的祥和永遠是不可求的。

讓我們拋棄物慾，重新再檢討一次自我吧！

薪水都在交際應酬中失去了……

花錢要有技巧

「我每個月所得的薪水，幾乎都花在酒席宴會中。啊！交際應酬其實並不快樂啊！」

一位營業員如此地慨嘆。在商業場上，交際應酬的確是一件非常重要的「工作」，但是如果不能適可而止，即使有再多的錢財都是不夠用的。而且連帶地會損壞自己的身體。

既然花錢似乎是不可避免的，那麼一樣要花錢，就應該要用在對自己最有利的用途上。

英國的哲學家——培根說：「金錢就如同肥料，如果不將它撒布在田地上，是一點用處也沒有。」

一樣是喝酒，如果在酒席上光談一些對工作的不滿或發牢騷，這對自己是一點好處也沒有。交際應酬，除了做生意外，還兼具有彼此交換情報或互相學習的作用。如果能守住這些原則，花出去的錢一定會有代價的。

有人說金錢就是一切……

金錢並不能代表一切

「有位朋友說，現在的社會，錢就是一切。我並不完全讚同這種說法，因爲我總不認爲有錢就能解決一切問題，可是……。」

這種既不願承認金錢萬能，但又不能否認錢能使鬼推磨的矛盾心理，似乎是人皆有之吧！

在資本主義的社會下，金錢所擁有的力量的確是不容懷疑的。可是，這也未必就能說，金錢就是萬能。畢竟還有許多事物是有錢也得不到的。且那些金錢也換不來的事物，在另一層意義上來說，通常都是人生最重要的東西。

美國的諷刺作家——山水威特說：「在我們的頭腦中和心靈中，應該都蘊藏著許多財富。」

要的財富是肉眼看不見的。

他外表看來很幸福，但事實上……

以創造充實的人生為目標

「光從表面看，以前我總認為他無論如何都遠比我要幸福得多，直到現在聽了內情，才知道其實他並沒有那麼幸福……。」

表面上看，似乎各方都順利成功如意的人，或許在不為人知的另一面，都有著相當的困擾和愁苦。

有些人明明生活得錦衣美食、應有盡有，可是他對現狀還是會有所不滿足，結果只好持續地逼迫自己無止境地追求下去。

而人越是逼迫自己，苦惱也就隨之不斷地產生。

阿拉伯伊斯蘭教的教祖說：「富並非由於眾多財富的累積，而是來自滿足的心。」

有富裕的物質生活而沒有一顆滿足的心，人生將永遠無法得到充實

辛苦賺來的錢，怎麼一下子就沒了……

做好金錢管理

「我不記得有買什麼特別的東西，可是每一到月底，錢就不夠用……。」

一到月底就喊窮的人，幾乎到處可見。

賺錢是一件很不容易，可是花錢卻是輕而易舉，再多的錢，要花的話，兩三下就可以分毫不剩。

如果平常不十分留意的話，辛辛苦苦賺來的錢可能轉眼之間就會消失殆盡。或許自己並不覺得真的有花掉那麼多錢，可是如果只是每天多花一點，一個月累積下來爲數就很可觀了。

美國的政治家——富蘭克林說：「即使是微少的費用也必須節約。即使只是一小孔的漏，巨船也會因之沉沒。」

首先，先要預定每天的花用限度，同時決心遵守。又，將每次的花用，決心都做下記錄，也可以預防無謂的浪費。

錢都賭輸掉了……

想賺錢就要踏實地工作

「啊！當時若是不要玩就好了。辛辛苦苦所存的錢如今都輸掉了……。」

當自己的錢都輸出去了，才如此地懊悔就已經來不及了。

賭博即使是贏了錢，最後還是會再輸回到賭桌上去的。而這種情形反覆重演下去，個人的生活就會發生影響。

小賭一下或許還是有趣的事，但賭博往往會越賭越大，而且越陷越深，最後把薪水或儲蓄都賭下去。

有句俗話說：「怎麼來的，就怎麼去。」

由不正之道獲得的財貨，往往還是會由不正之道溜了出去。所以想要賺錢，還是應該腳踏實地去靠努力工作來賺錢才對。

我一定要跳出目前窮酸的生活

要很有耐心地努力

「我實在再也過不慣這種窮酸的日子。我決定要改變這種生活狀態，可是我應該怎麼辦好呢？」

他這樣地說著，滿腦子儘是想些如何才能一步登天發大財的事。

可是，事實上他的生活並沒有他說的那麼糟。換句話說，這是他的慾望在作祟。

有想要賺錢的決心是非常好的，可是賺錢並沒有什麼捷徑。要想賺錢，唯有腳踏實地努力工作之外，別無他法。

《論語》中有句話說：「生死有命，富貴在天。」

人生中，最重要的是孜孜不倦地努力，對自己能夠做的事全力以赴。腳踏實地，實實在在地努力，財富和地位自然會隨之而來。

第二章　名譽・跌倒了要再站起來

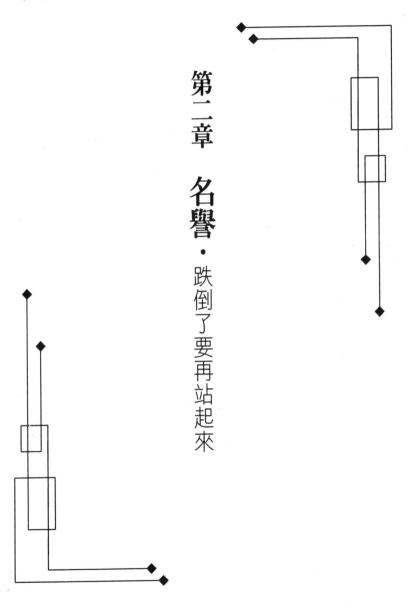

人生最大的名譽，
並不是一次也沒有
失敗過；
而是一旦跌倒，必
定會再站起來！

英國的文學家
——戈登史密斯

找不理想的工作

現在的經驗一定有益於未來

「我現在做的並不是我理想的工作，要不是不得已，這種工作我根本就不想做……。」

他一幅很無奈地樣子。

每一個人大概都會有心目中嚮往的工作。可是，並不能因爲這樣就認爲對目前的工作可以漫不經心。

人生的每一個階段都應該要全力以赴才對。現在的工作同樣地將會給自己的人生多增加一些經驗。因此絕對不可以等閒待之。

希臘的哲學家——愛必克迪多斯說：「人生應該要接受被賦予的東西，同時善自應用它。」

由現在的工作所得的經驗，到底是要加以應用或視若敝屣地丟棄，這完全取決於個人的心態。我們應該有堅信現在的工作一定會對自己的未來有益的心態，努力做好目前的工作。

這次升官的夢又落空了……

加強實力的培養

「本以爲這次的人事調動，我一定會有好消息的，雖知期待又落空了……。」

期待升官的希望一次又一次地落空，令他如此洩氣地嘆息。

不過，今天之所以會造成希望落空的事實，責任應該是在自己。因爲，由於自己沒有辦法達成公司的期待，所以才會招致這種結果。

也就是，怪應該要怪自己。而且事情的原因則是在個人每一天的行爲和心態之中。

英國的劇作家——莎士比亞說：「出人頭地是實力的問題，如果一味地認爲它會如慣例一般，二號一定在一號後面，那就大錯特錯。」

沒有實力的人，將會被有實力的人遠遠地拋棄在後。因此，在日常除了要努力工作外，也要積極地培養自我的實力。

公司的方針好像有偏差

公司是不要批評家的

「我相信我目前的想法絕對不會有錯，所以，公司的這種方針絕對有問題……。」

公司頒佈了一個新方針，自己卻認爲不合適，而大加批評的人如此說。把個人的意見提供出來做參考是很好的。可是身爲公司的職員，如果把公司的立場拿來和個人的情況相比，那就不對了。

公司考慮事情的原則是團體組織的全體性，因此即使個人有不滿，但當公司開始動了以後，個人也必須動起來。絕不可有抵制的行爲。

德國的哲學家——金梅洛說：「高明的處世術，是適應而不是妥協。」即使個人有意見，但絕不可無視於公司的決定。公司有所決定，個人應該加以理解，找出其優點，全力地配合。誓言家是造不出什麼東西的。

由我做主管，絕不會那樣……

要以身作則

「要是讓我當上了主管，我絕不會像現在的有些主管那樣，每天只會嘮叨下屬……。」

話說得是好聽，可是一旦他坐上了主管的位置，卻還是像以前的主管那樣，早上一早就找一些事情來向屬下發牢騷。

換句話說，當自己真的站上了管理的職位時，以前的想法和理想，都將被現實吞噬。而且更可笑的是，自己拿來對下屬訓戒的，竟然都是以前上司在訓說自己的那些東西。

法國的警言家——強弗爾說：「由庶民階級竄升而上者，經常最後都會變成與庶民敵對，並壓迫庶民。」

如果，一個真的有理想的人，一旦能站上指導者的地位，首先他就必須凡事以身作則，率先行動。至少，即使有所不滿，也得先把應該要做的工作做好。做一位具有實行力的上司吧！

終於得到了理想的職位了……
此後才是最重要的關鍵

「老天總算不負苦心人，終於我也有登上日夜期盼著的這種高階層。今天可說是我人生中最美好的一天……。」

他的高陞，令他興奮得飄飄然。

可是，殊不知這並不是值得如此樂昏了頭的事。高陞以後的作爲，才是人生最後勝負的關鍵。嚴格地說，此後根本就不可能有安逸的空閒。

以後，更有許多必須要處理的事，而且周圍的人，大家都瞪大著眼睛在注視。如果沒有下更大的心力來從事，恐怕將會演出失責的醜劇。

法國名人——布利伊耶爾說：「高的地位，會使偉人更加顯示出其偉大；會使小人物越加顯露出其渺小。」

一個人如果登上了心目中理想的職位後，反而不可因此而鬆懈。因爲以後就是顯示個人真正價值的關鍵時候。

我期盼能馬上成名……

名聲是在成就之後

「我無時無刻地渴望著早日在社會上揚名立萬，並且馬上擁有顯赫的名號……。」

有人為此而整天苦思成名的捷徑。

其實在苦尋捷徑之時，有一件事非做不可，那就是先要培養實力。要不然，就算是因為什麼偶然的機運，而得到了一點名譽，但個人要是沒有相當的實力，這個名譽總有一天會失去的。此時，反而會使自己得到羞辱。

法國的哲學家——華爾迪爾說：「過份大的名氣，反而是一項極大的負擔。」

因此，培養自我的實力是最優先的要件。有了實力後，名譽自來親人。

希望能幸運地、輕鬆地成名

培養追求提高自我能力的慾望

「這件工作要是做成功，今後的人生將會是一片光明吧！可是，要獲得這個成功，勢必要耗費長久的時光，同時還要付出相當的勞力……。看來還是再想想看有沒有比較輕鬆的辦法吧！……。」

有些人明知成功是要付出代價的，但卻偏偏老是期盼著不勞而獲。

換句話說，就是希望能快快樂樂地賺大錢，然後出人頭地，在社會上有所名氣。

事實上，一個人若想要如此，他勢必要經歷過一番嚴厲的考驗。而那些考驗，將是任何想要功成名就的人所無法避免的。

法國的思想家——愛爾坎休斯說：「我們之所以鍾愛名譽，並非為了名譽本身，而是為了其將帶給我們的利益！」

希望我們都有追求能「提升自我能力」的利益的心。

人生若永遠像目前這樣也沒關係

自己要向自己挑戰

「最近，突然討厭起那些與人爭強的事情。雖然很想成名，可是這種心理似乎逐漸地淡泊，有時想想，人生即使只是像現在這樣，也不錯呀！」

有些人偶爾會有類似這樣，拒絕成名的慾望。

一個人能不能成名是一回事，但有沒有成名的慾望，這可是非常重要。人如果安於現狀，則其人生的成長也就隨之終止。

從而，其行動也會變得消極，生活就變得沒有生氣，凡事隨世浮沈。

西班牙的詩人——格蘭西安說：「呼吸是身體的活力，名譽是心靈的活力。」

人如果自己丟棄目標，安於現狀，其將無可救藥。所以無論如何不要放棄自我挑戰。

自己的努力竟然被批評……

嚴厲地督促自我

「他努力的成績固然很不錯，可是我努力的成果也不壞呀！爲什麼他還要譏笑我呢？……。」

他憤怒地說著，心中一股不平之氣，就是無法平息。

有些人做事總是想盡辦法來突顯自己的優越，然後以自己的成績來譏評別人。對於這種人，其實根本就可以不必在意。

別人想說什麼就讓他去說。用不著什麼事都要去計較。因爲這樣做，對自己一點好處也沒有。

英國的詩人——凱茵說：「中傷他人的名譽以提高自己的名譽，這種人最是可憎。」

人必須要能得別人的信賴，才能有真正的名譽。因此，處世的態度應該是，給人評價，而給自己嚴厲地批評。

我只是目前不順了一點……

創造更高更新的光榮目標

「記得剛進入公司的第一年，在同事中我始終保有第一名的成績，只是目前稍微不順了一點……。」

有些人在比不上別人時，總是喜歡拿他以前顯赫的事蹟來向人炫耀。英雄是不提當年勇的。老是自滿於過去榮耀的人，勢必無法對應新的變化。

社會無時無刻都確實而且激烈地在變化。要想對應每一個新的變化，必須拋棄過去，正視嚴酷的事實。

德國的神學家——凱姆畢斯說：「這個世上的榮耀，其之逝去是多麼地快速呀！」

隨時保有前瞻的態勢，以創造更新、更高的光榮爲目標，繼續不斷地努力奮鬥，人生才能不斷地有豐碩的成果。

自己處理的事老是失敗

要有不屈不撓的鬥志

「他的背景好，學歷又高，一帆風順地步步高陞；反觀自己運氣就是不佳，做的事情老是失敗……。」

看到別人一帆風順地步步高陞，再想到自己乏善可陳，不禁令人悲從中來。

不過，做事情失敗絕不是一件可恥的事。相反地，人往往會因爲失敗而學到更多的事。

最要緊的是，即使失敗了也不可以灰心退縮。經常要保有勇於嘗試，不斷地奮鬥向前的精神。

英國的文學家——戈登史密斯說：「人生最大的名譽並不是一次也沒有失敗過，而是一旦跌倒必定還會再站起來！」

以不屈不撓的鬥志，面對任何困難的挑戰吧！

現在怎麼做也比不上從前……

經常要有從零再做起的決心

「記得出社會的第一年，自己還曾經得到成績優秀的表彰，可是從第二年開始，自己的成績就再也沒有好過。可是我一樣都很拚命地在工作呀……。」

對於自己的成績不振，有人如此地哀嘆著。

好像一開始就因爲成績好而受到表揚，以後單只是想要維持同樣好的成績，都是一件難事似的。

或許這是人在重賞和周圍的期待，雙重的壓力下，因承受不住壓力而振奮不起的情形吧！

德國的音樂家——貝多芬說：「贏得名譽的藝術家——往往因此而背負痛苦。因而，其處女作往往都是他最好的作品。」

忘掉過去的光榮，隨時要有把現在當做是自己的出發點的觀念，奮勇前進。

好不容易到達原來盼望的地位時

繼續向下一個目標前進

「好不容易，自己終於達到了日夜盼望著的位置了，可是，卻總覺得自己反而像是洩了氣的皮球一般……。」

一旦登上了夢寐以求的地位，往往不會有當初想像中的興奮或激動。以前精神飽滿的姿態，炯炯有神的眼光，都不知何時消逝了。

人必須努力經常保持向上追求的心。當原來的目標一達成後，應該馬上再向上面更大的目標繼續挑戰下去。

法國的警言家——羅休福德說：「既得的名譽，是此後必得的名譽的擔保。」

換句話說，就是一個目標的達成，只不過意謂著，它是下一個目標的階梯。

而人就是在這種事情不斷的循環中成長。用一個新的心情，繼續向下一個目標前進吧！

升了官，業績卻低落了……

培養自己真正的實力

「由於我的業績很好，所以公司也給我升官加薪了。可是，誰知一升了官，業績卻每況愈下……。」

方才淺嘗到升官的喜悅，誰知馬上就面臨到重大的考驗。

其實原因很清楚。這是因爲他一直都認爲他的業績之所以會那麼好，完全都是由於他自己的實力好的關係。而對那些在周圍支援他的人，一點都不以爲意。

一個並不具備有真正的實力而卻快速竄升的人，就會發生這種情形。

德國的詩人——柳凱魯德說：「合適的冠帽是良好的裝飾，不當的冠帽則徒然給人壓迫感而已。」

職位高陞了以後，就不可再沈醉於光榮的過去。升官的另一個意義是，再培養實力製造自己能獨當一面的機會。所謂人生的勝負總在升官後。

公司老是拿些小事來數說我……

隨時要有改善的意慾

「我想要做的是大事，我是有理想、有野心的人。可是公司如果老是拿些雞毛蒜皮的事來對我嘮叨，這未免太令人失望了。」

他如此地抱怨著，心中立下決心，總有一天一定要大家對我刮目相看。可是即使如此，就不重視眼前的時光，輕忽現今身邊的工作，這是不對的。有遠大的目標，這是非常值得讚許的。可是要達成目標，是需要每天孜孜不倦地努力的。

英國的名人——史邁路斯說：「所謂最偉大的人，並非是會輕蔑日常小事的人，而是指會對那些事情表示關心並隨時自我改善的人。」

不積尺步無以致遠。不日日努力則無法達成目標。珍惜每一天，時時不忘自我改善，而持續地努力才是成大事的基本。

不知如何才能得到高地位……

不要恣意執著地位和職稱

「我期望自己能成爲社會名士。爲此我需要擁有一個高地位。但不知如何才能取得那種地位……。」

有些人就是因爲有這種觀念，而一味地追求名譽和地位。

地位和名譽，照理說是做了工作以後的一種結果。可是大多數的人都只是希望獲得它，但卻不喜歡去工作。

人的工作態度應該是盡全力去做好目前的工作，而不要老是在意名譽和地位的事。

英國的評論家——哈滋里特說：「唯有那些不要紀念碑的人，才值得爲他立紀念碑。」

只要每天都對自己的工作全力以赴，即使你並不在意名譽和地位，它們也會隨之而至。

拋棄那種奢侈的慾望，腳踏實地奮鬥。

看樣子大概永遠無法出人頭地……

不可對自己悲觀

「看樣子今生今世我是無法出人頭地了！要做社會名人就等來世再說吧！……」

有些人稍一不如意，甚至就會對自己下如此悲觀的結論。尤其像上班族，即使職位官階沒有高陞，這也不見得就不可能成爲社會名人。地位本身並不具有任何價值。有價值的是，人在達到這個地位時所做的努力和精神。

法國的作家——阿奈法蘭斯說：「唯有固守，正直、親切、友情等這些普通的道德的人，才可以說是真正偉大的人。」

如果一個人的心完全被出世的慾念所佔據時，人就往往會偏離正道。而即使一時之間的不如意，也用不著因此對自我的人生悲觀。人生應該隨時保持一顆向上的心。

實在無法達成目標時……

全力做好可以完成的事

「以前自己立下的目標，現在看起來實在無法達成。因此即使我有想要做的事，現在也都無法放手去做。而且我也不知道現在該如何是好……。」

當現實的情況並不如自己想像中那樣的順利時，他如此地苦惱著。目標的達成並不是一件容易的事。而且，自己即使有想要從事計劃，也未能夠馬上施行。

因此，最要緊的應該是，要先從自己目前就可以做的事情開始著手。

法國的作家——羅蘭說：「英雄也不過是做了他自己所能夠做的事而已；可是，凡人卻都是不去做自己能力內的事，而專門熱衷於自己根本不可能做好的事。」

把用自己的能力就可以達成的每一件事，確實地完成，並不斷地累積其成果，最後自然會達到更高一層的目標。

自己到現在還是一介小職員……

勝負的要素是實力而不是職稱

「那傢伙果然高人一等。步步高陞，如今已經在公司內爭到一個地位崇高的頭銜。反觀自己，依然故我，到現在還只是一個小職員……。」

像這種只會讚美別人，感嘆自己的人，並不少。

的確！沒有努力、沒有付出，是不會得到賞識的。頭銜是不會平白無故地從天上掉下來的。人並不能用頭銜來做工作的。

即使擁有再高的頭銜，如果不做相對的努力，那個頭銜終究不過只是一種稱謂罷了。

德國的哲學家——哈吾耶魯說：「真正值得尊敬的並不是那個名稱，而是值得被賦予該名稱的真價。」

頭銜並不重要，最要緊的是實力。所以隨時要努力於自我實力的培養。

我的才能比別人差……

有無努力的意識才是產生差異的關鍵

「他在求學時代就有非常卓越的表現，現在進了公司上班也是一樣地優秀。像我這種庸才，再怎麼努力，恐怕連他的腳印都跟不上……。」

有些人經常會自嘆才能不及別人。

在最初，人彼此的能力是不太可能有差異的。即使就算是真的有差異，其差距也是不會太大。

如果彼此之間真有很大的差距，那應該不是彼此的才能，而是彼此的努力意識。

美國的發明家——愛迪生說：「天才是百分之一的靈感和百分之九十九的努力。」

換句話說，人是依據既有的成果來賦予某些人天才或發明家的稱號。對於那些人之所以能有那些成果的過程，反倒是不去在意。事實上在那些過程中都是充滿著努力和汗水的。

或許當初就不應來這種公司上班

環境其實是大同小異

「現在工作的公司，整體看來，就是比其他公司沒有前途。眼看著在別的公司上班的同學已步步高陞，而自己卻還是在原地踏步。或這都要怪自己選錯公司了吧！」

對於在別家公司做事的同學，總調升得比自己快，會感到不平衡的人，並不少。

說來說去，這還不是「別人的老婆總是比較漂亮」的心理在做祟。

事實上，果真自己換了公司實際一做，又都會發覺事情並不如自己想像的那樣。

羅馬的劇作家——席魯斯說：「我們都認爲別人所處的環境比自己的好，可是，另一方面，別人也都認爲我們的環境比他的好！」

換句話說，彼此的環境是沒有多大差別的。一個人如果能對自己的工作感到自豪，覺得有從事的價値，則上述的問題自然不會發生。

我實在沒辦法幫忙他……

做一值得讓人信賴的人

「他曾經來請我協助他，可是我實在沒有幫忙他的餘力。我同情他，但卻不得不拒絕他……。」

對朋友的苦難無法施以援手的人，如此地解釋。

事實上，人，都是沒有餘裕的餘力的。每一個人都是爲著自己的工作，成天忙著不停。

可是，如果細心體會一下，在眾多人之中，這位朋友卻唯獨來向自己求助的心情，實在是不應該給以拒絕的才對。

英國的神學家——佛萊說：「友人在逆境中時，要減輕其苦難。」

朋友陷入苦難時，應該積極地給予協助。做一個值得別人信賴的人，這是人生的一個很重要的課題。

職位升了，薪水卻沒有增加……

盡個人該盡的義務

「好不容易升了官，可是薪水卻依然故我，而且還沒有加班費。早知如此，不如不升官的好……。」

升官後的第一個月，看到自己薪水的明細，竟然沒有比以前的好，不禁令人沮喪。

人的行爲不應該只是爲了錢。透過工作的磨鍊，以提高自我的能力，這也是很重要的。職位高陞，就是意謂著自己的能力已經得到肯定。同時這也會促使個人湧起繼續往上追求的向上心。

英國的技師——托蒙多說：「擁有，是一件既有權利又伴隨著有義務的事。」

因此，只是強調應有的權利這是不對的，在要享受高職位所帶來的權利的同時，也應該要盡相對的義務才對。

做工作，最基本的要求就是要有責任感。

我大概一輩子都升不了吧……

總之就是要繼續努力

「雖然我努力要彌補過去的失敗，可是成績卻還是不盡理想。看來我是注定要當一輩子的基層職員了吧！」

想到自己工作的成果老是不甚理想，對自己感到灰心的人說著。

人如果連自己都認爲自己不行，那這個人大概就無可救藥了。相反地，如果是堅信自己即使遇到任何困難，也一定會有辦法突破而積極行動的人，反而都真的是沒有什麼困難可以打敗他。

所以，人在陷入困境中時，首先就是不可讓心態沮喪。人的心態一沮喪，身體和手、腳，往往也就跟著懶得動。

法國的哲學家——阿蘭說：「自行車在行走時反而不會傾倒；有要領的人，可以很順利地在不安定的人海中游泳。」

人生應該繼續不斷地奮鬥。即使偶爾因碰到某些障礙而倒下時，也要馬上設法爬起來，再重新繼續走下去。

真羨慕別人具有豐富的才能

才能要靠自己的努力去發掘

「那些具有豐富才能的人，實在令人羨慕；要是我自己也有一技之長，那該多好……。」

一個身無半技的人，如此地說著。

的確，一身兼具多項才能的人並不少。可是才能並不是可以經由他人的贈與而得到的。不管任何才能都是需要靠個人的努力才能形成的。

人，誰都具有才能。可是，有其自覺，肯努力去把它發掘出來的人，卻意外地少。

蘇俄的作家——格利基說：「所謂才能就是，相信自己，同時相信自己的力量。」

因此，不存在沒有才能的人，只有沒自覺到自我所擁有的才能的人。才能是需要靠自己的努力才會出現的東西。

只要做就一定成功的事，卻不想做……

現在就做

「我自信有完成這件事的能力，只要我動手去做，一定可以成功。只是，現在我沒有心情去做它。」

有些人不做事，卻還要充好漢。

人不管擁有再好的能力，如果不能將它運用出來，事實上還是一點用處也沒有。

而且，能力放著不用，很可能馬上就會遲鈍。所以，既然有能力就應該要時常把它拿出來磨鍊。

法國社交界的名人——莎弗雷夫人說：「即使是有一個真正偉大的特性，如果沒有在實際上加以運用的話，還是等於沒有它一樣。」

沒有心情這句話是怎麼也不成理由的。再說，現實的環境是不可能靜止下來，等待到你有心情要做事時才再開始運轉的。

最重要的是，現在馬上就做的積極行動力。

要是他不失敗，也不會這麼糟……

要求自己去擔當責任

「這件事情之所以會落到今天這種失敗的境地，完全都是由於他沒有好好地做的關係……。」

很多人在事情失敗時，經常要去怪罪別人。

把責任轉嫁給別人是輕而易舉。可是這樣子做，又能得到什麼好處呢？事實終歸是事實。事情總不會因爲叫別人承擔了責任就變失敗爲成功的吧！這樣子做，反而只會讓人失去更多的朋友而已。

南宋的儒家——朱熹說：「責己就如責人，恕人就如恕己。」

責任是不應該往外推卸的。責任應該完全由自己來負擔。失敗了就勇敢地承認失敗，不要去找一些無聊的藉口來試圖推托，要緊的是趕快找出病因來加以改進。

公司裡要在意的人、事、物未免太多了吧！……

公司是磨鍊自己的地方

「最近，精神上似乎感到非常的疲憊。對這個人要低聲下氣，對那個人也要尊敬有加，即使說這是爲了以後的升遷，可是也未免太痛苦！……。」一位上班族的朋友，如此地訴苦著。

與人和善相處，固然很重要，可是過份遷就別人，反而會使自己顯得既無能又缺乏個性。同時，在公司上班最要緊的畢竟還是要專心致力於工作。

日本的詩人——吉田兼好說：「追逐名利之人將永無片刻寧靜、痛苦一生，這種人最是愚蠢。」

工作，是用來證明自我能力的，而工作的場所，亦不過是在鍛鍊個人的地方。

並不是爲了出人頭地才到公司工作。因此，我們應該隨時保有自我鍛鍊的意識，並且全心全力地從事工作。

第三章　心

・善良的心是最寶貴的財產

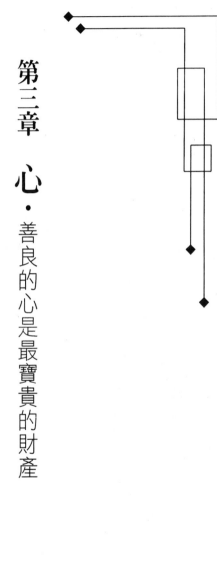

心不在焉，則
視而不見，
聽而不聞，
食而不知其味。
《大學》

情緒一消沈就很難再振作起來

加強鍛鍊心理

「我好像一有什麼不如意，情緒就會馬上變得消沈，而且很難重新再振作起來……。」

似乎很多人都有這種情形。可是，縱使對自己有如此淸楚的認識，假如沒有誓必治好的決心，情況是永遠不可能得到改善的。

如果本人不但沒有立刻治療的決心，而且還樂觀地認爲反正以後自然會好，往往會失去治療的機會。

羅馬的哲學家——薛涅加說：「趁知覺尙未麻痺之前來訓練心理，是比較容易的。」

即使當自己被現實逼迫得舉足無措的地步時，也不要沮喪，反而應該藉此來重新加強心理的建設。

閱讀歷史書或名人傳記等，拿那些歷史人物的思想、作爲來和自己做比較，自我砥勵。這或許會是一個好方法。

最近，老是失眠

悲痛唯有自己才能醫好

「最近，煩惱的事情特別多，晚上總是爲此而睡不著，似乎除了吃安眠藥，否則情形大概好不了……。」

一個爲失眠所苦的人，如此地說。

首先，要把那些令人煩惱的事情解決掉。肉體上的疲勞容易消除，可是精神上的疲勞卻很難治療。

所以，精神上的疲勞要儘可能在當天之內加以消除。及早發現，及早治療。

羅馬的喜劇作家——錫爾斯說：「心理的痛苦遠甚於身體的痛苦。」治療肉體苦痛的方法很多，但心理的苦痛是有醫生也醫不好的。除了靠自己去發現，自己去治療之外，別無他法。

所以，我們必須隨時留意調整保持心理順暢的狀態。心靈的止痛之鑰是掌握在個人手中的。

沒有顯赫的職稱覺得沒面子

自己要敞開心胸

「那個傢伙真不簡單。才多久就當上了經理。反觀自己還依然只是一個平凡的職員……。」

他如此地嘆息，面對著手上的同學會通知函，不知自己是否要去參加。這種事，根本用不著迷惑。若只是因爲個人職稱的問題，則大可不必在意什麼，大大方方地去參加。參加同學會並不需要顯赫的職稱。

人與人之間的接觸，最重要的是心。一顆能互相體諒的心。日本的劇作家——近松門左衛門說：「不因其爲武士而尊貴，不因其爲百姓爲卑賤，尊卑貴賤之別在此一心中。」

由於介意名聲地位而放棄與朋友見面的機會，這是相當愚蠢的行爲。用不著在意人我的職稱爲何，如果自己能夠敞開胸懷，朋友的圈子自然會開闊。

每次都為要不要加班而猶疑不決

戰勝自己

「時間已晚了，回家吧！可是工作還沒做完。還是再多加一點班吧！……怎麼辦才好呢？……。」

有些人經常會如此，一邊擔心著時間，一邊猶疑著要不要繼續加班。

換句話就是，一方面想要趕快回家——另一方面卻又想多做一點工作。

事實上，這並不是人與時間的戰爭，而是人與他自己本身的戰爭。一個沒有辦法戰勝自己的人，再怎麼都將無法戰勝別人。

蘇俄的作家——德斯特愛夫斯基說：「神與惡魔一直都在交戰著，其真正的戰場就是在人的心。」

也就是，人的心經常處在需要選擇「是」與「否」的猶豫中。

而這是恁誰都幫不上忙的戰爭。無論如何它都是需要自己獨立作戰。唯有用絕不寬容自己的堅強意志，才能戰勝自己。

明明講好的事對方卻沒履行

事情光用嘴巴講是不行的

「那傢伙又沒照約定那樣做，真是令人生氣，明明講好的事，在他身上最後都會出差錯……。」

由於別人沒有履行約定，而導致失敗的後果，這是非常令人懊惱的。

訂定約定是輕而易舉的，但履行約定絕不是嘴巴說說就可以的。

所以，要與人訂定約定，絕不可以草率行事。

希臘的詩人——畢底斯說：「雖然口頭發了誓，但內心卻不一定會發誓。」

在氣憤別人不遵守約定之前，請先重新檢討一下自己在與人訂定約定時，態度是否有草率之處。

訂定約定時態度應該是嚴謹、慎重的。絕不要讓對方有那只是口頭說說而已的感覺。

希望有人能來替代我……

首先加強鍛鍊身體

「我實在已經沒有可以突破現狀的氣力了。所以，真希望有人能來替代我。」

遇到了困難卻振奮不起突破難關的氣力的人，如此地說。

每次遇到困難就以此來做爲逃避現實的口實，長久下去，永遠不可能有能夠獨當一面的能力。

沒有氣力，這明明就是一種推拖逃避的藉口，從另一方面來說，這是意味著怠慢。要改正它，則首先要從最基本的地方著手。

美國第三任總統——傑克遜說：「唯擁有強健的身體，才能有堅強的精神。」

要耐得住困難的洗禮，首先就必須鍛鍊身體，使身體具有相當的體力。以絕不逃避困難，勇敢向前的精神繼續努力下去，個人的精神力反而會隨之越來越強。總之，就是要把最基本的身體，鍛鍊好。

別人說我變了

培養勇敢

「最近朋友們都說我變了，可是我自己並不覺得，我跟從前有什麼不一樣呀？……」

有些人常會因爲別人的一句話而介意著。

可是，要是我們仔細來想一想，人會變這本來就是理所當然的嘛！沒有改變的人才是奇怪的。

人往往會隨著年齡的增長，其意見或思考的方法就會隨之改變。

德國的哲學家——尼采說：「不能脫皮的蛇，遲早會滅之。拒絕意見脫皮的精神，則已不能成爲精神。」

不要老是固執於一種意見或想法，培養通權達變、柔軟對應現實的精神是非常重要的。

沒想到自己的業績已落在人後……

鍛鍊精神力

「以前每個月的業績都很順利地成長，最近卻一反過去無所表現。相反地，本來一直都在我之下的那傢伙，近來的業績卻好得不得了……。」

有些人眼見自己的業績已落在人後時，總喜歡拿以前輝煌的事來自我安慰。

可是，再怎麼輝煌的過去，對眼前的事實都是於事無補的。這種人之所以會落在人後，同事之所以會不斷地超越、成長，其理由是很清楚的。

一直處於安逸狀態中的人，和一直不斷努力奮鬥的人，兩者的差異，最後一定會顯現出來

法國的皇帝——拿破崙說：「社會只存在著二種力量，就是劍和精神。而結局總是，劍被精神打敗。」

人我之間有差異，其實就是人我所擁有的精神力有差異。在能警覺自己在落入人後時，正是鍛鍊精神力的最好時機。

那個人講的話我聽不懂……

經常保有虛心求教的心態

「那個人講的話太玄，實在令人難以理解。即使再聽下去，對我還是一點幫助也沒有……。」

有人在聽演講的中途，會以此爲口實而離開會場。

即使演講的內容真的很玄奧，但聽者如果沒有努力設法加以理解的心，當然就不可能得到成果。

聽比自己的程度高的人演講，對自己一定會有益處的。所以，應該以虛心求教的心態，努力用心思考才對。

德國的詩人——海涅說：「偉大的精神是由偉大的心思所造成的。」

因爲話語難以理解，就放棄它，不願用心去探索思考，則人將無法向上成長。

與其逃避它，不如就去面對它。

有不同的意見，馬上加以反駁

培養心無成見的柔軟性

有些人，總是不能很虛心地聆聽別人的意見，一聽到有異議，馬上就會提出反駁。

其實這種做法，對自己反而有害處。因爲，久而久之，別人就不願意再爲他提供意見。

如果讓別人認爲即使向他提意見也沒有用，那麼他就將被注定要終止人生的成長。爲了要避免變成這樣，首先就是要培養心無成見的柔軟性。

羅馬的詩人——赫拉提斯說：「清潔的容器中，即使放入任何東西也不會變酸臭。」

請培養能夠聆聽他人意見的柔軟性，這也是一種人生的磨鍊。誠懇樸素、毫無成見的心，同時也會促進個人人生的成長。

沒想到事情發生了意外狀況……

要對自己有自信

「突然間發生了這種意外狀況，我也不知道該如何是好，心中盡是一片焦躁和不安……。」

面對事實的變化顯得手足無措的人，如此地述說著他的心境。

一個人如何應付環境的變化，其作爲往往會使此人的價值發生改變。如何化危機爲生機，這就是關鍵所在。

羅馬的劇作家——布魯達斯說：「穩靜不亂的心，就是化解災禍最佳的調劑。」

一個對自己深具信心的人，不管處在任何狀況中，還是可以把自己的實力發揮出來，以對應環境的變化。

當事情有了意外狀況時，應該要不慌忙、不焦躁地，冷靜研判事實的真相，思考對策，並要有自信地，面對事實的挑戰。

我這種人反正就是成不了大器……

用堅強的意志砥礪自我

「像我這種材料即使再努力，也是成不了大器的。以後會怎麼樣，現在就已經想像得到了……。」

有些人一看到別人高陞得比自己快時，就反而會悲觀地認爲自己永遠成不了大器。

在剛要站出社會時，無論誰，無不充滿著理想和希望，可是不出幾年，會如此消極悲觀的人，就到處可見了。

隨著歲月的經過，人彼此之間的差異就會越來越大。這個差異指的並不是才能的差別，而是精神力。

裴利德利喜大帝說：「一個擁有卓越的心的人，就可與王侯將相同階並列。」

自己的人生是不容輕言放棄的。人生應該要隨時保有向上心，用堅強的意志來砥礪自己，不畏艱難地繼續勇敢走下去。

最近對一切都覺得索然無味

讓心情活性化

「最近好像沒什麼可以令人感到興趣的事，我也很少有像以前那樣隨時都充滿著幹勁……。」

一個對任何事都覺得索然無味的人，如此說著。

雖說沒有足以令他感興趣的事，但事實上這應該是說，他已經喪失了對事情感興趣的心。

換句話說，就是感受性已變得遲鈍，心靈已經自我封閉。這毋寧是一種「心病」。

要想克服這種心病，就必須設法讓心靈活性化起來。

法國的作家——傑特說：「心靈這種東西，你一旦不去用它，它就會枯萎。」

一個人的心靈一旦枯萎，這個人的意慾和希望也就會跟著消失。因此，努力使心靈活性化起來，經常用一顆活潑的心來面對周遭的事情。

本想幫助別人，但卻適得其反

重新檢討自己對對方的想法

「沒想到那些本以爲做了以後會有益於他的事，最後卻都適得其反，這樣下去，我也不知如何是好……。」

本想幫助別人，但結果所做的事卻沒有得到預期的效果，甚至是得到反效果。像這種事，事實上是多有所聞的。

會發生這種結果，大部分應該歸咎於當事者對他想要施予幫助的對方，欠缺理解或對他的理解度不夠。或許當事者並不認爲道理如此，可是只要冷靜地自我反省一下，應該會發現他確實對對方有許多不瞭解的地方。

德國的詩人——席拉說：「如果你想要理解別人，首先必須先看清楚自己的心。」

總之，一個人如果想要幫助他人，就應該要徹底地了解對方的心思。而要做到這個地步，首先就是要先檢討自己心中對對方的想法。

知識豐富，但內心卻很空虛

閉上眼睛自我反省

「我在學生時代就開始研究心理學。知識頗爲豐富，可是內心裡卻非常空虛的樣子……。」

書讀得越多，知識越豐富，但內心卻越空虛的人，幾乎到處可見。

讀書是一件非常重要的事，但是，人的心並不會因爲讀了很多心理學的書而就會變得充實的。

讀書做學問是一種科學的分析，所以，這未必一定就可以提升心靈的境界。心靈是主觀的，而學問是客觀的。

法國的哲學家——笛卡爾說：「要想提升心靈的境界，應該是多冥想而少學習。」

每天只要有一點點時間即可。閉上眼睛，讓心情平靜下來，然後冷靜地自我觀察。

能力並不差但卻老落在人後

精神力強者恆勝之

「論能力，我絕不比他差，可是如今他早已功成名就，而我卻還在辛苦地奮鬥著。看來，那傢伙確實是運氣好的緣故吧！」

想到那些能力不見得比自己好，但成就卻比自己高，很多人都只願意承認那是個人運氣好壞的問題。

如果事實的狀況與個人的條件真的相差不多，那麼光憑運氣，是很難造成有人失敗，卻有人成功的兩極化現象。

會造成結果差異懸殊的情形，影響最大的是個人的精神力。也就是要看個人是具有堅強的信念和意志。

英國的哲學家——哈米路德說：「在人類身上，最偉大的東西就是精神力。」

最後的結局，永遠都是具有強大精神力的人才能獲勝。奮戰不懈的精神就是人生勝敗的關鍵。因此，要隨時加強精神的鍛鍊。

再下去我就會受不了……

不要輕易地自定界限

「最近困難接二連三地來，我也竭盡各種努力一一加以突破。可是，現在我的努力已經到極限了，以後如果再有困難發生我也無能爲力了……。」

他表情疲憊地，像洩了氣的皮球，眼看著自己一路過來的努力即將化爲泡影，卻不願再試圖振作。

自我界定極限，就如同是自己承認失敗。

英國的劇作家——莎士比亞說：「即使是銅牆鐵壁，即使是密閉的土牢和堅硬的鐵鎖，就是無法擋住毅然的精神力。」

換句話說，不管環境是多麼地惡劣，只要有毅然的精神力，就可以突破化解。

別人經常說我沒有上進心

唯有不斷地前進

「我並非急著想要出人頭地，而且從過去到現在我也沒有遇到過什麼特別的困擾。可是，別人卻經常說我是什麼沒有積極求上進的人……。」

向來生活都是隨遇而安的他，如今好像也開始在爲以後不知如何是好而煩惱。

會經常滿足於現狀的人，他的生活既不會有太多的苦惱，同時也不需要太多的努力。不過理所當然地，他的成就相對地也不可能會有所高升。甚至是會逐漸後退。

法國的哲學家——摩迪紐說：「高貴的精神是不會只留在自己的內心裡的；它應該會隨時都積極地朝自己的能力之上的境界不斷地前進。」

捨棄沈溺滿足現狀的心態，人生應該不斷地朝更上一層樓的境界，積極奮鬥。

最近思想和看法大異從前……

這是人有接觸外界新事物的證明

「最近好像越來越不了解自己了。心中的思想和對事物的觀感都似乎已發生了變化，弄得我不知道該如何是好。」

當一個人最初注意自己在心理發生變化時，大都會感到惶恐不安。在人的成長過程中，除了肉體會有成長外，精神上也會發生變化。隨著肉體的成長，人會接觸並吸收到各種思想和判斷事物的觀點，這些就成爲心理的一部分而蓄積在人的心中，並且會對舊有的心理發生影響。所以一個人的心理會隨著成長而改變，這毋寧是理所當然，無須惶恐。

德國的詩人——里葉凱得說：「心理是超精神的東西。因爲即使精神像花的香一樣會消失，心則像花的根一樣永遠留在土壤之中。」

精神是會進進出出的東西。而在其進出更迭之間，人亦隨之而成長。因此最要緊的是，要去多接觸吸收外界新鮮的事物，讓自己改變成最具有時代感覺的人。

整個公司裡的人都垂頭喪氣……

自己要先開朗起來

「最近大概是由於業績不好的關係吧！整個公司的氣氛都很不好。大家都像鬥敗了的公雞那樣，垂頭喪氣地低頭不語……。」

業績一不好，大家也就會變得沈默寡言。

事實上，業績不好，大多數的人也都會變消沈悲觀。可是，在這時，同事之間尤其是要彼此互相鼓勵，互相幫助才對。

至於氣氛的問題，則是身處其中的每一個人都有責任的。在氣氛不好的地方工作，結果往往都不會很順利的。

英國的詩人——魯米頓說：「人的心可創造出天國，也可以製造出地獄。」

要想改善團體的氣氛，首先就是自己要先開朗起來，先發出開朗的聲音去招呼同事。唯有工作的地方充滿著活潑的朝氣，才能促使人湧起工作的意慾。請勿吝惜自己爽朗的聲音。

對方總是沒有完全了解我的誠意

臉部的表情和人的態度是人心的表徵

「他總是不了解我的誠意，要不然爲什麼總是不肯答應跟我合作呢？」

當對方堅持不簽訂合作契約時，有人或許都會這樣地懷疑。

儘管你是多麼熱心地做說明，要是對方沒有那個心，最後一定不會有結果的。又，如果不考慮對方的立場而一味地強辯，反而會招致對方的厭惡。

因此，最要緊的是要掌握時機。爲了要能掌握到正確的時機，則必須要先明瞭對方的心思和習性。

日本的農政學家——二宮尊德說：「只要能夠開墾人心的田地，則要開墾世間的荒地，就無難之有了。」

要想打開對方的心扉，首先就必須先充實自己的內心。一個人內心所蘊藏的東西，是馬上會在其臉上或其態度上呈現出來的。

因此，平常就要加強磨鍊以充實自我。

我老是沒辦法猜透別人的心意

不要以己心度人意

「那傢伙到底又在想些什麼事呢？一點也令人捉摸不著。看來我已經不中用了吧！」

有些人常因猜不著那些晚輩的心思，就以為自己已經跟不上時代而煩惱著。

這種情況，並不見得是和年齡有何特定的關係。因為，即使是同年代的人，其想法和價值觀也是互有不同的。

人這種彼此有異的情形，毋寧說是一種必然的現象。而團體就是這些彼此互異的人們的集合。

《春秋左氏傳》中有句話說：「人心不同，如其面。」

就是說，人的心就像人的臉一樣，是各有不同的。

因此，要用自己的心去忖度別人的心，其中一定會有滯礙不通之處。

真的要想理解對方的心思，唯一的方法是，要完全地接納對方。

聽過的事一下子就忘了

要專心一致

「你到底是在搞什麼鬼。我剛才說的事，你好像一點也沒有記在心裡！你要好好地自我檢討一番……。」

被上司如此地訓了一頓，想必誰都會很不舒服吧！

當上司在交待事情或別人未向自己傳遞消息時，如果不能專心聆聽，心中想著其他的事情，那麼即使人在現場聽講，還是無法把事情牢記下來的。

《大學》一書中有句話說：「心不在焉，則視而不見，聽而不聞，食而不知其味。」

也就是說，人的心思要是已經被其他的事物所支配著時，即使有再好的話，還是一聽過了就會忘記。

遇到要討論事情時，應該事先把雜務處理妥善，使自己能心無旁騖，集中一致參加會議。

反正我今生今世也不會有成就……

一切端看平常的用心如何

「反正我就是沒有成功運的人，認不認真做事，結果還不都是一樣……。」

有些人看自己的成就比別人小，就會妄自菲薄，而消極地渡日。

成就的高低，畢竟只是一種結果而已。處世最重要的是，如何獲得這個成就的過程，也就是在這個過程中到底做了些什麼事。

如果只是在意著結果，任意地對自己下評斷，往往就會使自己喪失掉對工作全力以赴的精神。不管如何，人應該每天都氣力充實地過活才對。

日本淨土宗的祖師——法然說：「其身愈是卑下者，其心愈富有。」

重要的是自己的心境如何，並不是自己現實境遇尊卑爲何。

一個沒有氣力、沒有意慾的人，不論做什麼事都是毫無意義的。

總之，人生的一切，就端看個人的心而定。

何必硬要單獨地苦撐下去呢？

勞苦正是磨鍊自己的好材料

「我再也不想如此地給自己製造痛苦的回憶了。反正單憑我一個人的努力，結果還是不可能好轉的，與其如此，又何必給自己找麻煩呢？……。」有些人就是因為有這種觀念，寧願以前的努力變成泡影，也不願繼續再努力下去。

其實人所付出的任何努力到最後一定會使自己得到益處。換句話說，即使是吃盡苦勞，經歷各種試煉，最後受益的還是自己。

公司其實就是人為了提升自我的能力，磨鍊心智的修練場。

詩人——杜荀鶴說：「滅卻心頭，火亦涼。」

只要心意正確堅定，必定可以克服任何困難。

因此，把一切困難險阻都認為是為了磨鍊自己而來，而且積極地努力去克服它，這才是應有的態度。

總是無法拒絕別人的邀約

堅定、不為誘惑迷亂的心

「別人一來邀約，我就無法加以拒絕。因爲，如果拒絕時，恐怕會被人講閒話……。」

有些人總是怕因爲拒絕別人時會被講閒話，所以即使自己並不願意，但還是朋友一有約就必往。

如果大家聚在一起只是爲了喝酒聊天，問題也就不大。但是，如果朋友的邀約，目的是爲了向你推銷東西，那可就麻煩了。

萬一不幸中了圈套，那時就後悔也來不及了。所以，應該要拒絕的時候，就應該毅然地拒絕。

劉安的《准南子》一書中有句話說：「明鑑者，塵垢亦不能埋。」

而要想成爲明鑑者，首先就是，要有拒絕的勇氣和不爲慾望所迷亂的心

一個正直不隨便曲意附和的人，必定擁有一顆不爲誘惑所迷亂的心。

心中感到不安而無法做事

不畏不懼地接受挑戰

「雖然公司給了一個新的機會，可是心中卻充滿著不安的感覺，對每一件事情都躊躇不前。」

雖然工作有了新的局面，可是卻因此而有不安感，反而無法積極從事工作。

其實，這是心理的問題。做任何事情，隨時要保持積極向之挑戰的精神和勇氣，不可以悲觀。

畢竟人是無法逃避工作的，因此，要不畏懼失敗地行動以累積經驗。

藉著經驗的累積，人自然可以越來越懂得如何面對人生中的各種事物。

美國的思想家——愛曼森說：「恐懼經常是來自無知。」

恐懼面對新事物的心態，將使人永遠無法進步。人要想進步、成長，除積極地行動外別無他法。

別人好像有很多意見

要提起勇氣堅定信念

「別人都只是撿好聽地說，但這件事情，對當事者的我來說，可就是一個很嚴重的問題……」

一個被大家推爲計畫的領導者的人如此嚴肅地說。每天從早到晚幾乎無時無刻都在爲這個新的工作而煩心著。

外圍的人或許會有很多意見，可是實際上去實行的還是自己。因此，要堅定自我的心，不要被周圍的雜音所動搖，要提起勇氣，堅定信念，果斷地實行。

德國的詩人——舒鐵倫說：「唯有積極向敵人突進的人，才最能體會到原來恐怖和勇氣竟然是彼此鄰近地共存著。」

沒有百分之百安全的事業。一個新事業的開始更是處處充滿著危機。因此必須克服恐懼的心，奮鬥的前進才行。不要敗給自己的心。

我實在沒有能力買房子

要有果斷的勇氣

「買房子的事，對我來說，那無異是天方夜譚，根本是不可能的。光是每個月要付的貸款，我這麼一點點薪水可能都還不夠……。」

許多人一談到買房子的事，大多會這樣地說。

不錯！買房子的確是需要花費一大筆金錢，而且還要背負一～二十年貸款的債務。

要下定這個決心，確實是需要相當大的勇氣。

不過，也有許多人嘴巴說付不起貸款，但每個月所浪費在購買其他東西的錢，往往都已超過付貸款的數目。

法國的詩人——拉凡提爾說：「事在遠處時經常會令人感到恐怖，可是一旦事情逼近時，卻又不見得如此。」

人往往不會因爲不要房子而他的儲蓄就會增加。買房子絕不是一件遙不可及的事，最要緊的是，有沒有要買房子的決心和勇氣。

有人來邀我一起做生意……

給自己下永不後悔的決斷

「我的上司不久前辭職了自己做生意。最近也來找我去跟他一起做，可是我卻下不了決心。」

原來這位老兄的心理，雖然對那位老上司的生意非常感興趣，但對目前工作的收入卻依依不捨。

畢竟事情的抉擇完全需要自己做主，所以應該自己冷靜地分析考慮。到底是當職員好，還是與別人合夥自己做生意好，這是因人而異的問題，不能一概而論。

因此，自己到底在追求什麼，這是首先必須要明確清楚的。

法國的箴言作家——羅休弗克說：「希望和恐怖是連結在一起密不可分的；沒有希望就不會有恐怖，相對地，沒有恐怖就不會有希望。」

至於應該要選擇那一條路？那就是，應該很誠實地遵從自己的心去做選擇。如此才能使自己不會後悔。

失敗被別人在背後恥笑……

失敗為成功之母

「喂！你知道嗎！聽說那傢伙又犯了一個嚴重的大錯，真是一個不可救藥的蠢蛋……。」

一件事情做失敗又聽到別人在背後如此恥笑他的人，垂頭喪氣地，成天把自己關在家中不願再出去工作。

其實，人根本犯不著爲這種事而洩氣喪志。事情失敗了就垂頭喪氣不再工作，這根本於事無補。

別人高興怎麼說就讓他們去說，用不著去在意它。自己應該以這個失敗爲經驗改善自己，繼續勇敢地向新的事物挑戰。

希臘的哲學家——愛必克提多斯說：「會痛罵你、打擊的人，並非是在虐待你。它會令你引爲恥辱的，只是你自己的想法。」

對自己的失敗，我們需要的是自我的反省，而不需要後悔。

事情有不明瞭卻不想去問

積極地尋求答案

「上面交待下來的事我確實有許多不明瞭的地方，但是，怕一去問就會被罵說連這種事也不懂……。」

他有這樣的顧慮，終於打消去向上司請教的念頭。

有這種顧慮本身就是一件不對的事。萬一因為要向上司請教而挨罵，挨罵就挨罵，這也不是什麼大不了的事，至少這總比不知以為知，而使自己永遠不知，為好吧！

對事情的內容一知半解，往往會使事情無法順利地進展，而且也是造成失敗的因素。

《書經》中有一句話說：「好問則裕。」

事情有所不解時，千萬不可悶在心中，應該積極地去尋找正確的答案。把疑問常留在心中，絕對不會對自己有益。

第四章　希望
・忍耐之中有希望

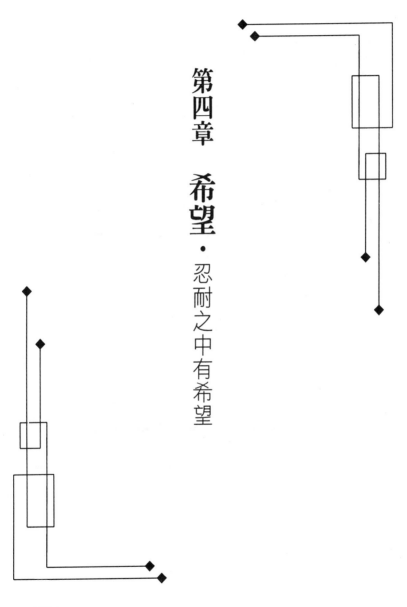

唯能忍耐之人，
唯能得到其所希望之
物。

美國思想家
——富蘭克林

給他忠告卻換來一大堆報怨

好心沒好報時也不要介意

「我還不是爲了要他好才會給他忠告。沒想到他不但沒有心存感謝，反而抱怨我。真是好心沒好報……。」

給朋友勸言卻遭朋友抱怨，大概有很多人都會這麼說吧！

以爲自己所做的事一定會對朋友有所幫助，結果卻換來吃力不討好的結局，這種情形事實上並不少。不過，如果因爲朋友不但不領情甚至還提出報怨而發怒動氣，朋友彼此之間的友情可能會因此而轉壞。

真的爲朋友著想，即使明知講了朋友一定會不高興的話也非講不可。

英國的作家——珍・奧斯汀說：「在你的心庭中植下忍耐之樹吧！其根或許苦澀，然其果實卻是甜美的。」

總有一天，朋友自然會明白你的用心良苦。因此，只要是有助於朋友的事，就儘管去做，至於當時朋友是否領情，根本用不著在意。

別人總是受稱讚而我老是挨罵

別人的指責是改善自我的督促

「那傢伙的處世要領很好，所以一帆風順。反倒是我口拙笨腮地，老是挨罵的份……。」

一個老是被上司數說的人，對於那些會說話很能討上司喜歡的同事，總是感到羨慕不已。

可是，不論是誰，只要是做錯了事，再怎麼花言巧語也總有行不通的時候。從另一角度來說，上司的責罵是其對該下屬還有著期待的意義。

英國的政治家——巴克說：「忍耐會賜給我們超越力量以上的東西。」

不要企圖逃避上司的指責，應該把這些指責都認爲是上司對我們的期許和激勵，並更加積極地努力工作才對。

只有具有毅力和耐力的人，才是最後的勝利者。

最近好像缺少貫徹的耐心……

重新檢討自己的心態

「最近好像少了點那種做事情一定要貫徹始終的耐心。事情還沒告一段落就想提早抽腿……。」

有人這樣地自我分析。

做工作時，耐心是不可或缺的。也就是要有始有終奮鬥到底，絕不半途而廢。

要貫徹這種奮鬥到底的精神，最重要的是要有體力和氣力。

沒有充實的氣力，是不可能做好工作的。

法國的作家——巴爾札客說：「忍耐是支撐工作的資本。」

一旦覺得自己的耐心正在逐漸消失時，馬上就要重新檢討一下當時的心態。

人一旦失去了耐心，本來可以完成的事，也會變得無法完成。因此，不管在任何情況中，絕不半途而廢的精神是很重要的。

我也有很多夢想的呀！

有夢想就要努力讓它成為事實

「即使是平凡的我，也總是期望自己能夠有出人頭地的一天。可是，在現實的情況中，這個期望卻好像是幻想中的幻想……。」

有些人口中說他有一大堆夢想，可是卻不肯起而積極努力地去追求。有希望、有夢想，這是非常好的事，可是如果沒有積極想要使它早日成真的意慾，那麼這些夢想，充其量亦不過像是畫在紙上的大餅而已。

積極想要促使希望和夢想都能實現的努力，才是最重要的。一個人肯下這樣的努力，那麼他也必定能夠耐得住各種現實的試煉。

美國的政治家——富蘭克林說：「唯能忍耐之人，唯能得到其所希望之物。」

以事無不可能和絕不半途而廢的精神，爲達成目標而全力以赴，人生的道路自然寬廣。

我實在沒有辦法像他那樣……

隨時向自己的極限挑戰

「那傢伙幾乎每天都用功到三更半夜，我實在沒辦法像他那樣……。」對同事的努力情形感到敬佩，但卻自甘示弱地說自己辦不到的人，實在不少。

可是，光敬佩別人是不行的。雖然用不著學習別人要用功到三更半夜，可是在一天的二十四小時中，至少也要分出一段時間用來做自我努力。

早上提早起床，這也是一種方法。

然而，不管這個時間是在什麼時候，最要緊的是有沒有好好地努力。

英國的詩人——米爾頓說：「最能忍耐者，將會是最有能力者。」

隨時要有試著向自我的極限挑戰的企圖心。自己的能耐有多少，結果就代表著自己的自信有多少。

或許是我的個性煩躁

堅定必成的信念

「或許我的個性煩躁吧！所以，每一件事情經常都只做到一半就開始覺得煩膩而想中斷……。」

有些人會這樣地慨嘆自己的個性不好。

把事情不順的原因歸咎於自己的性格所使然，這種做法是很簡單，問題是這樣下去，終究不可能得到什麼好結果的。

做事時，要緊的是處理事情的心態。也就是那種勢必完成工作的意氣。德國的作家——凱迪說：「人生最要緊的是，要胸懷大志，同時並擁有實現該志願的技能和忍耐。」

不要老是把自己的不如意歸罪在自己的性格上。人生應該積極地磨鍊自我的能力和耐性，凡事抱定必成的信念，勇敢地努力到最後。

盡力做事上司卻還不滿意

絕不發牢騷

「我做事情一向都是全力以赴，拚命工作，絕不摸魚。可是，為什麼上面的人一點都不了解我呢？」

一位自認爲盡忠職守努力工作的人，在遭到上司的責罵後，如此委曲地說著。

下面的人拚命努力工作，在上位的人也絕不可能會過得輕鬆。因此，如果一被指責就必定要一一地表示不滿，那將會徒增許多困擾。

美國的思想家——愛曼森說：「儘管所發的牢騷，其內容是何等的高尙，其理由是何等地正當，對當事者來說將不會有任何益處。」

努力工作，但事情並不一定因此就順利圓滿地進行。遇到這種情形，首先就是要先自我反省，找出問題的癥結，研究對策，以使下次在從事類似工作時能順利地達成。

工作地方一點樂趣也沒有……

不要給人有不快感

「啊！目前我就職的公司，實在令人厭煩。上司都是一些討人厭的老傢伙，而且全公司上下也找不出一位好同事。所以，看起來好像你們的公司比較好……。」

有人一遇到學生時代的同學，就會這樣地怨嘆自己目前工作的環境。一見面就要聽人訴苦，即使嘴巴不說，內心裡也會覺得很不是味道吧！因爲一下子好像被人當出氣筒似地，被迫聽了很多怨言和牢騷，心情怎麼也舒爽不起來吧！

英國的文學家——沙米威爾強森說：「對於喜歡發牢騷的人，別人的態度一般是輕蔑多於憐憫。」

朋友朝氣蓬勃的樣子和爽朗的聲音才是最令人感到高興的。朋友相見應該談些健康爽朗的事，注意千萬不可有帶給對方造成不快的談話。

我有理想但卻無法達成

給自己一個遠大的理想

「我對自己也有著相當的理想。可是一點用處也沒有，社會畢竟不是那麼安逸的。」

的確，現實是很嚴酷的。人是不可能無視這個現實而存在。不過，這並不表示，人可以不需要理想。

無論如何，人總是需要有理想的。人有了理想，生活就會有目的，於是人才能有異於其它生物的成長。

英國的思想家——卡賴爾說：「理想是在我們自己的心裡。同時，會阻礙理想實現的各種障礙也是在我們自己的心裡。」

人應該給自己一個遠大的理想，並且爲達成這個理想努力奮鬥。

在我們努力衝破嚴酷的事實，促進自我成長的同時，希望也不要忘了理想的追求。

被譏笑為說夢話

人應該擁有偉大的夢想

「你老是說一些遙不可及的事，一點也不切實際。自己應該腳踏實地的反省反省。」

被長輩和同事這樣批評的他，只好沈默不語了。而他也開始懷疑了，難道他真的不應該有夢想嗎？

其實，人應該是要擁有夢想才對的。現在，在我們日常生活中經常使用的許多商品，都是由於許多人的夢想所創造發明出來的。

英國的作家——華爾德說：「沒有烏托邦的地圖，是不值得一見的。」

同樣地，沒有夢想的人，是沒有價値的。問題是，夢想絕不可讓它始終只是一個夢想，有夢想，就一定要努力奮鬥讓它成爲事實。

最近好像是運動不足……

有了決心就馬上徹底地行動

「最近開始覺得自己好像運動不足。心裡是想要去做做慢跑運動，但又覺得現在才做似乎爲時已晚了……。」

有人心中雖然想要做某些事，但一旦要付諸實際行動時，卻又經常三心二意。

考慮自己身體的健康問題，打算開始做慢跑運動，這是非常對的。既然是對的，那就應該馬上開始實行。

運動是如此，其他的事情也一樣，開始總是不嫌遲的。

英國的政治家——波多韋恩說：「人之立志，永不嫌遲。」

要緊的是，一旦下定了決心，就應該有恆地持續努力下去。如果不能貫徹始終，則即使有再大、再好的志向，結果還是不會有一點用處的。

既然決定了，就一定要徹底地行動。

被別人笑說錯別字一大堆……

有弱點就要全力克服

「別人常笑我錯別字特別多。事實上，對國字的識別，一直都很令我頭大……」

每次一要寫報告或文件時，就要大翻字典，結果還要被人嘲笑的，事實上是大有人在。

正確使用文字是書寫文章時最基本的原則。可是每次要寫點什麼就要查字典，這可是太費時傷神了。

最好的方法是，先把日常最常用的單字，確實地記住。譬如只要一天記一個字，一年下來就可以學會三百六十五個字。

《後漢書》中有句話說：「有志者，事竟成。」

只要有心要做，再加上耐心，則天下沒有不可能完成的事。有弱點就要盡力加以克服。克服弱點的行動，最好從今天就開始。

有人建議改做業務的工作

經常向新的事物挑戰

「我現在的工作就搞得我精疲力盡了，所以跑業務的工作我絕對是無法勝任的……。」

有位女職員，就是這樣地拒絕公司要給她去做業務工作的機會。她做了這樣的決定，其實無異是自己拒絕了一次可以向自我能力挑戰的機會。人生中這種機會是不常有的，但她卻輕易地把它放棄。人，不管是男是女，如果缺少了那份挑戰的精神，將永遠自我侷限無法往高處成長。既然別人要給自己機會，自己何不試試看呢？

日本的軍事家——武田信玄說：「一件做了即可成，不做即不可成的事，卻棄之不爲的人，將沒有未來。」

當新的機會來臨時，一點都不必猶豫。先做做看再說。或許我們將因此而發現自己新的能力。

希望無法達成

帶著希望面對困難

「我經常滿懷希望。但是，這些希望從來沒有達成過。」

有的人常如此怨嘆希望落空。

的確，人必須經常抱持著希望，但是，只是持續著希望，並沒有任何用處。

要達成希望必須努力。不論眼前有多少困難，也必須耐得住痛苦，決心克服困難，並且每天爲著您的希望而努力不懈。

法國的警言家——渥維那魯格曾經說過：「忍耐是抱持希望的技術。」

希望會使人成長。但是，它必須有朝希望的達成而前進不懈的心志。

懷念為希望而狂熱的那段日子……

再度燃起新的希望而前進

「剛開始充滿了希望，但是，幾年下來那股熱勁已經漸漸地冷卻，現在倒懷念起那段日子。」

有的人會如此地懷念起自己剛進公司時的情景。

不過，現在並不是回首前程，懷念過去的時候，而應該正視未來努力前進才是。

日本的宗教家——內村鑑三這麼說過：「人是希望的動物，所以，對人類而言往前望是自然的，而向後回顧是不自然的。希望會使人健全，而回顧只會帶來不健全。」

當希望漸趨薄弱時，應該再燃起另一個新希望。

同時，往新的希望向前努力。時光是不會停留的，不要再逗留回顧，快快朝向希望邁進吧。

我和他差太多了……

不要向自己妥協

「我和那傢伙差多了。人家不但有實力，業績又一把罩。但是，我又沒辦法像他一樣。」

有的人會這麼自暴自棄地自我否定。

在這樣的狀況下，二人的差距會越來越大。其實，這種差別全是各人自處方式的不同所造成的。

對目前的狀況是否已經滿足？或者仍然爲著某種追求而奮發前進？這就是彼此橫生差距的所在。

魯迅曾經說過一句話：「許多不自我滿足的人，永遠往前奮發並且永遠抱有希望。」

當對自己妥協了，或覺得失望的時候，就不再成長也失去了希望。請持續著向自我挑戰。

若沒有那次的失敗……
改變心態付諸行動吧！

「啊！那時候若沒有那次的失敗，現在一定升等晉級了。」有不少人會如此回顧過去而感傷不已。

其實，直至目前爲止，升等晉級的機會應該不少。而至今仍在老位子上，到底原因何在？

那是因爲光是爲過去的失敗而怨嘆，不積極往前努力的緣故。

趕快轉變您目前的心境，牢牢地看清現實的狀況，開始行動起來吧。

希臘詩人——霍梅羅斯說：「過去的事已過去，就隨它而去吧。」

不要老是拘泥著過去，應該想想現在該做些什麼，往希望前進吧！帶著一種新的心情面對未來。

公司倒閉工作無望……

振作精神再尋良機吧

「公司關門了，沒有了工作，每天爲還債而奔忙得焦頭爛額，簡直快要攜家遁逃了。」

有的人成天躲在租賃的房子裡，喝著悶酒如此發牢騷而不知所以。在這個關頭可不是喝酒的時候。如果發起狂似地到處找工作，一定可以掙得一個工作機會的。

不要只是逃避責任，勇敢地向現實挑戰才是。不論如何，一定要表現出積極前進的態度，在時間的允許之下，四處探求工作。

英國的政治家——迪斯雷李說：「絕望是愚者的結論。」

不要因爲公司倒閉就鎭日喝悶酒，應該振作起精神，爲新的里程全力以赴。

錯過了約定的時間……

向另一次洽商挑戰

「哎呀，如果早三十分鐘出去就不會遲到了……。」

他因爲那一次的失約而惱悔了整整一個禮拜。

在一個禮拜前，他因爲遲到了二十幾分鐘，而喪失了一次締結契約的良機。

的確，不遵守時間的約定是他的最大錯誤。但是，再怎麼惱悔，發生的事已經無法挽回了。

應該把這一次的失敗當作教訓，從此好好地注意時間的約定。而且，不要再懊悔不已，應該提起精神爲下一次的洽談機會而挑戰。

日本的儒者——中根東里說：「應該等候日出，不該追尋落花。」

謹記這次的失敗，留意不要再度犯同樣的過錯，重新露出赤裸裸的心來，爲以後的機會再衝刺吧。

誰也不指導我……

可信賴的只有自己

「好不容易做到了這裡，接下來該怎麼辦？課長三緘其口什麼也不教我……。」

當上司說依自己的意思辦事時，有的人就會這麼發牢騷而不知所措。舉棋不定時什麼也解決不了，應該試著依自己的想法做做看。

而且，決定了要試試看時，必須有貫徹始終的堅決意志。

法國皇帝拿破崙，在跨越阿魯布斯山脈時，說了這麼一句話：「阿魯布斯何能擋我耶。」

在做任何事之際，一定要有這般堅強的意志才行。

世上可信賴的只有自己。應該抱著一定達成目標的強烈意志，發揮自己所有的能力。

只能隨波逐流罷了……

進步全靠自己創造

「反正這個世上只能順水推舟而已……。」

有的人日子就是這樣地有氣無力。

在人生之中，最重要的是自己的心意所處。因爲自己的心意取捨，會大大地影響了自己的人生方向。

隨波逐流式的生活的確簡單，但是卻毫無進步。進步是由自己的雙手創造出來的。

英國詩人——歇里說：「正如雷存在於大氣中一樣地，希望也存在於人心之中。」

所以，應該經常地帶有一顆熱切的心，發揮全身的氣力突破現狀。

同時，平時要留意不要半途而廢或自暴自棄。自立自強才是自救之道。

為了逃避痛苦該怎麼辦？……

帶著希望往前邁進

「到底這個痛苦要持續多久？該怎麼做才能脫離這個苦惱？」有的人光是爲了脫離痛苦而煩惱不已。

脫離痛苦的方法只有一個。就是帶著希望去克服這個痛苦。成天思索著該怎麼逃脫痛苦之淵，就無法從痛苦中脫身而出。

德國的詩人——歇法說：「煩惱時就燃起希望吧！人類的最大幸福是希望。」

經常滿懷希望去面對痛苦是必須的。不論在任何場合，都要以前進、積極的態度來面對一切的痛苦與難題。

一個最困苦，最微賤，最爲命運所屈辱的人，只要還抱有希望，便可無所恐懼。

只要能維持現狀就好了……

人生要有攻擊性的精神

「我很珍惜目前的幸福。如果能夠維持現狀就心滿意足了。」

有些人過份地滿足現狀，唯恐喪失目前的幸福。

其實，想要維持現狀並不是一件容易的事。因爲，要維持現狀的觀念往往會使人喪失攻擊性的精神。

一個人的心態一旦只求守成，其行動必然轉爲消極，並且會害怕任何些微的危險。於是這種人只有被現狀淘汰的可能。

英國的詩人——霍普說：「希望是永久在人的腦中泉湧著。因此，人不應該眷戀現狀的幸福，而應該是要追求以後的更幸福。」

經常懷抱著希望，並爲實現希望而努力奮鬥吧！

順境裡也有許多可怖和不稱心的事；逆境中未嘗就沒有慰藉和希望。

事情的結果總是不能如人所願

燃起戰鬥的精神

「真是人算不如天算。儘管我拚命地努力，可是事情的結果總是不能如願……。」

由事情的結果總是不能如己所願，因而喪失了鬥志的人，比比皆是。

的確，事物的發展是很難如人所願的。可是，就只因爲如此就興不起鬥志，這種人終必是不可能有所成長的。

過去的失敗必須徹底忘掉，隨時以嶄新的心情來面對新事物的挑戰，這才是應有的態度。

法國的文藝評論家——毛羅亞說：「否定無法如願獲得幸福的過去，以新的希望爲自己開拓嶄新的里程，才是重生者的魅力。」

爲了自己著想，請再燃起希望之心吧！

風險太大了……

抱著信念、勇氣與希望

「這次的工作風險太大了，我根本沒辦法完成。」

只在意結果與風險的人，做事就缺乏勇氣與魄力了。

任何工作都有它的風險。若只擔心其風險或成敗如何，什麼也做不成。最重要的是，要有信念、勇氣及希望。面對任何事時，必須經常目標朝向好的結果，勇往前進才是。

德國的宗教改革者——魯塔說：「希望是強大的勇氣，是嶄新的意志。」

若是一開始就放棄希望，而以悲觀的態度處事時，能力所及的事也變得一竅不通。

所以，應該心存希望，以前進的姿態，盡全力來面對各種事物。

大概缺乏才能吧……

相信成功，勇敢地向自己挑戰

「啊！營業成績老是落在人後，拼死拼活怎麼也做不好，我大概缺乏才能吧！」

有的人會爲了自己的成績不佳而大爲嘆息。

否定了自己的能力而放棄努力是非常簡單的事。但是，若是如此地自我否定下去，就永遠無法突破現狀。

爲了突破現狀必須相信有成功的一天，果敢地向目標挑戰。而且，要不計成敗地、積極地勇往直前才是。

美國的盲啞女學者——海倫凱勒說：「希望是領導人走向成功的信仰。沒有希望萬事不成。」

請以前進的姿態，相信成功而努力吧！

想請假借機休息……

燃起工作幹勁吧！

「每天就是工作，壓得我幾乎喘不過氣。一大早睜開了眼，就想請假算了。」

失去工作意願的人，就會一臉睡相地到公司報到。

舉凡工作，沒有輕鬆愉快的。不過，因對工作所抱持的態度的不同，而產生各種不一樣的心情。

若是帶著一股熱勁來面對工作，再怎麼辛苦也能按耐得住。因爲，其中有一個成功的大目標等著。

德國的文學家——吉姆洛克說：「忍耐之草是苦的。但是，最後卻會結成甘美的果實。」

覺得工作辛勞而無法忍受時，一定達不到成功。應該抱著熱忱，追求工作的樂趣才是。朝向自己的理想、目標、勇敢地前進吧。

工作不知順利與否……

不要擔心立刻展開行動

「接下了這項工作是不錯，不過，每天都擔心它的成敗如何，連覺都睡不著。」

在著手工作之前，有的人就開始胡思亂想了。

對工作產生了顧慮與不安時，情緒就無法安定了。既然承接了工作，應該拋開雜念全力以赴才是。

在工作的過程中，也許會碰到一些疑難雜症。但是，千萬不要因此而失去鬥志，應該使出渾身的解數，試著突破難關。

瑞士的法學家——西魯迪說：「對付擔憂的最上上之策是——忍耐與勇敢。」

不論面臨了任何的困難，若能耐苦，以勇敢的姿態向困境挑戰，一定可以打開一道光明來。

所以，不要胡思亂想地杞人憂天，應該振作起來積極地向工作挑戰。

勞動條件嚴苛……

勿忘工作中的喜悅

「我們工廠的勞動條件非常不好。薪水少、加班又多，有時還要徹夜工作。」

在各個行業裡，都有幹一行怨一行的人，譬如勞力被剝削、假期太少等等。而工作條件差也是被抱怨的原因之一。

但是，在世上也有人想工作而沒有工作。事實上，能夠工作，本身就是一種幸福。

不論勞動條件再怎麼嚴苛，若在工作中能發掘出樂趣，一定可以克服了任何的不快與辛苦。

《新約聖書》中有下面一段話：

「艱難萌生忍耐，忍耐則練達，練達就有希望。」

不要因爲辛苦就逃避。正視辛苦，並向它挑戰，才可以從中獲得更多的好處。請以工作爲樂的胸懷，使出全力好好地努力吧。

都市並不像自己所憧憬的
忍耐現況，將希望寄託於未來

「我實在受不了目前的這種生活。我離鄉背井，專程來都市奮鬥，並不是只為過這種生活。」

對都市充滿著憧憬的他，頗感失望地說著。

可是，實際上要怎麼辦才好呢？他也找不到有什麼好辦法。所以，最後的結論是，只有忍耐。

首先要先拋棄幻想，正視嚴酷的現實，用忍耐去接受現實的考驗，把希望寄託於未來，努力用自己的雙手改變生活。

羅馬的劇作家——布羅斯達說：「忍耐，是對付所有困苦的至高無上的治療。」

忍耐現實的煎熬，努力朝將來的希望奮鬥前進。

自己始終升不了官

運氣總有一天會到來

「最近，運氣一直都很不好，倒霉的事接二連三地來。眼看跟自己同期的人都一個個升了官，而我卻始終還在聽人使喚……。」

有人升不了官，就會如此地慨嘆說是自己運氣不好。

或許這個世上是有運氣好的人與運氣差的人。可是，最後是不是能成功，最重要的關鍵還是實力的問題。

因爲自己沒有實力，結果即使機會來了卻又被它溜走了的人並不少。只知慨嘆自己沒有好機運，畢竟是於事無補的。一個人若想要出人頭地，最重要的還是，要永不氣餒、腳踏實地地持續努力奮鬥。

美國詩人——龍裴洛說：「在肯耐心等待者之處，萬事自然會來臨。」

總有一天，好運氣一定會來臨的。問題是在平時我們就應該加強培養自我的實力，以免屆時好不容易才等到的好運氣，卻因自己沒有實力留住它，而又被溜走了。

現在甚至會討厭要去上班

現在正是再努力加強實力的時候

「現在，心情又低迷，業績又不好，每天一想到要去上班就厭煩。」一個目前正面臨最惡劣情況的上班族，如此述說著他的心態。

其實，人在工作上的情況就跟人的一生一樣，有好的時候，也會有壞的時候。絕不可能時時都是處在最佳的狀況中。

問題是當壞的時候來臨時，人要如何去對應。而這個對應的動作，往往就決定了一個人的價值。人之所以會產生差別，就是在這個時候。

當情況變壞時，怨嘆、發牢騷，是一點也不會有益處。與其如此，不如忍耐，並趁機加強自我的實力。

英國的作家——理查德遜說：「世上沒有不彎曲的道路。」

當情況變壞時，要蓄積自我的實力，以待情況變好時，要急遽地浮上。

第五章　知識

• 透過實踐而來的知識最確實

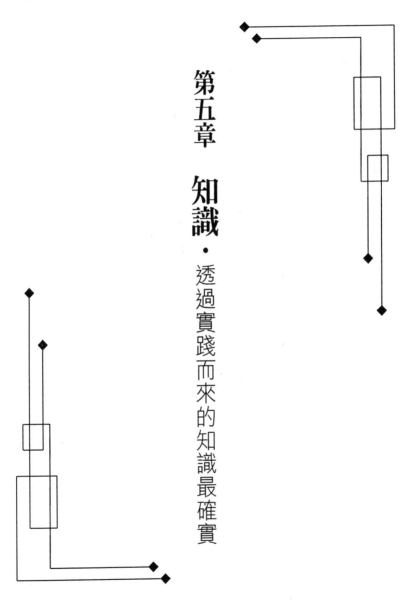

人類其實在學術上毫無所知；必須經常從實踐中求知。

——德國作家 歌德

公司幾乎沒有實行員工教育

先留意自我教育

「我們公司的員工教育並不盛行。也幾乎沒有公司內的研修活動。這麼下去，對將來可靠嗎？」

當在朋友之間談及彼此的工作狀況時，有的人就會對自己公司的制度、設施感到不安而抱怨。

本來，公司是工作的地方，並不是接受教育的場所。但是，卻不能因爲員工教育不盛，就什麼也不做了。

最重要的還是自我教育，自己來磨鍊自己。假設公司的員工教育盛況空前，如果當事者沒有參與其中的慾望，什麼也學不到。

英國的作家——貝那特說：「唯一的真正教育者，是親自教育了自己的人。」

自我教育是提高自身能力的最佳手段。

沒時間教導別人……

教導即是學習

「我要做的事那麼多，爲什麼還要教那傢伙？根本沒時間嘛！……。」當上司指派資深員工指導新進同仁時，有的人就會以工作忙沒時間而大抱不平。

教導別人的確是不容易的事。但是，正因爲如此而有其價值。因爲，在教導別人的過程中，可以溫習自己已經淡忘或生疏了的事物。法國的哲學家——傑貝爾說：「教導乃是二度學習。」藉由教導別人，可以察覺到自己已經忘掉的東西，或者發覺到新的知識。所以，不要覺得不服氣，應該懷著感謝的心來教導別人才是。

每一個重複的動作，都有養成習慣的可能，重複的次數愈多，動作也就愈純熟。

由於口才不好，所以……

用行動來表示

「我的口才不好，怎麼可以向別人做說明呢？該怎麼辦才好？」有的人明天必須在好幾十個人面前說話，而如今卻一籌莫展地空著急。在這個時候，最要緊的是，不要在腦中思索該用什麼言詞來說服眾人，而是一馬當先，以行動來表現自己的意願所指。

當自己率先行動時，一定可以博得別人的了解。

英國的道德家——史麥魯茲說：「模範雖然沒有語言的教育，卻是教育者最具效果的方法之一。」

不需要考慮用美好的言辭來說服對方，應該以自己的行動來說法，以自身的行動來博取別人的了解。

「瞭解自己」才知做人方向；「相信自己」，才明人生希望；「完成自己」，才能光大生命。

我很賣力地學習……

學習不與現實脫節

「我認為在學習上，絕不輸給任何人。但是，業績卻老是差人一等。」有的人很用功地學習，但是不知何故，業績老是落在人後。

當然，學習對工作而言是不可或缺的，但是，只是鎮日坐在桌前讀書，是一點用處也沒有。

必須把視野打開，到外面的世界看看。不明白現狀，只是一味地在與現實脫節的事物上用功，再怎麼認真也無法使業績伸展。

德國的作家——哥德說：「人類其實在學術上毫無所知，必須經常從實踐中求知。」

換句話說，重要的是有目的地學習，而且，要把學習之事付諸行動。總而言之，要經常把現實放在腦中地學習。

發言只會惹來批評……

鼓起勇氣發言

「在會議上發言，只會惹來別人的挑剔而已。光是發言有什麼用處。」有的人覺得把自己的意見發表出來，而遭到別人的批評，是件難以忍受的事。

但是，光有滿腦子的主意、見解，一點也無濟於事。因擔心別人的指謫就放棄了發言的權利，對自己及公司都是一項損失。所以，請你務必鼓起勇氣來發言。

羅馬的雄辯家——奇克羅說：「保持沈默或是失去發言能力的智慧，都是無益。」

不要吝嗇於發表自己的主張，即使遭到別人的挑毛病，只要明確地解釋清楚就可以了。一個好的主張是否能發揮其效益，或者無疾而終，全憑自己的處置了。

在學生時代多用點功就好了……

如今的用功程度影響才深遠

「啊！在學生時代多用點功就好囉！」

有人到了社會工作之後，爲了應付公司的繁雜事務，猛然發覺自己「少壯不努力，老大徒傷悲。」

但是，後悔是沒有用的。最重要的是現在，以及以後。

既然發覺到自己用功不夠，就應該從現在開始努力地補足所學的缺憾。若有決心，現在開始也不遲。

英國的政治——迪斯雷李說：「自覺無知，是知識向上的最大階段。」

不要管過去用功的程度如何，重要的是今後該如何地用功。加油吧！

心直口快，毫無遮攔……

留意話中要有自信

「啊！慘了，不說那些話就好了。怎麼就說溜了嘴呢！」

有的人當上司有所質詢或視察時，由於平常言行舉止不夠謹慎，於是在緊要關頭常會失言而誤了大事。

這種情況若發生在自己公司內，事態倒不太大，但，若是與客戶的折衝上出了漏失，問題就嚴重了。

因爲一句失言，可能毀壞了你多年來苦心建立起來的信用。所以，不要佯裝萬事通，遇有不懂的問題，應避開正面回答，等詳細調查清楚後再做回覆也不遲。

英國的神學家──哈巴特說：「與其看錯，不如盲目的好。」

問什麼都不知道的確令人頭痛，但是，與其信口開河誤大事，不如謹慎地對自己的回答負起責任。不論是任何回答，應該留意其中要有自信在。

怎麼又是研習會……

帶著感謝與學習的心出席

「哎啊！又是研習會，不是才上完了一次嗎？」

當公司公佈研習會的日程時，就會有人哀聲嘆氣覺得厭煩。

本來學習是自己的事，而公司卻特意撥出時間與機會給大家。在這一點上，就必須心存感謝。

對於有學習習慣的人，參加研習會並不是件痛苦的事，而且，對這些人而言，研習會是求之不得的學習良機。

義大利的詩人——培特拉魯卡說：「以學習爲樂，心之所趨無可抵擋。」

爲了在研習會上有所斬獲，必須以學習的心情來參與。而且，當研習會完畢之後，學習的心仍要持續不斷。

反覆同樣的工作，怎麼會進步……

重視經驗的累積

「我就這麼了此一生嗎？每年就是做這些工作。」

反反覆覆的工作內容，會使人失去信心，並懷疑自己的工作能力。

事實上工作中的進步與否，全賴自己的意志所爲。若是經常朝向某個目標來工作時，即使是重複同樣的工作，也會使自己成長、進步。

相反地，工作頻頻轉換，卻毫無目的地過日子，根本遑論有何進步。

英國的學者——阿斯加姆說：「由經驗所獲得的是貴重的知識。」

但是，這裡所指的經驗，在毫無目的以及問題意識中是無法獲得的。請重視經驗累積的重要性，好好地工作吧！

繁事視爲簡事，是有科學修養。大事視爲小事，是有哲學修養。有事視爲無事，是有藝術修養。

被問其究竟就不知道怎麼回答了……

要具備真才實學

「我只是以自身的經驗來建議而已，卻問我爲什麼?叫我怎麼說啊!」

有些工作經驗非常豐富的人，卻不知該對後進如何解釋箇中原由。

經驗是貴重的財產。人可以從經驗中防範失敗於未然。

但是，經驗必須有理論作根據才行。凡事光憑經驗，並不見得都能做最正確的判斷。

德國的哲學家——海迪卡說：「累積經驗的人，明白事物的始終過程，卻不知其所以。」

好不容易從歲月的推移中累積了經驗，所以，應該更進一步地思考，把經驗變成自己的知識。

該從什麼地方開始學習？……

凡事把持著問題意識

「知道應該努力用功，卻不知道要從何處著手。」有的人有心學習求進步，但不明白怎麼踏出第一步。

首先，應從周遭的事物做起，也就是從與工作相關的事物開始學習。為此，必須經常把持著問題意識來面對工作。當某地方產生疑問時，就立刻用功學習。

英國的經濟學家——密魯說：「自我教育的真正方法是對凡事存疑。」從疑問中才能產生更新與改革，也會使人從求變中成長。所以，經常要有問題意識，處處向自己質疑。

才能是個人努力爭取得來的；天才則是與生俱來的。避免失敗的最穩當方法，就是下決心獲得成功。

沒時間用功……

有心就有時間

「工作繁忙，根本沒時間用功啊！」

提及學習這回事，有的人就會不停地強調工作繁重，騰不出時間等等。

但是，話雖如此，這些人在午休時間就會偷閒喝喝茶，到了晚上就是呼朋喚友地喝酒去。

說是工作忙碌，事實上時間都浪費在個人的喜好上了。

所以，說沒時間只是一種藉口。重要的是沒有「心」要去學習。

劉安在《淮男子》一書上這麼說：「話說無暇學習者，縱然有暇亦無所學。」

若有學習之心，一定騰得出時間。而且，這些時間的累積會在將來開花結果。全憑您的心意所處了。

上司指派了自己並不專門的工作……

追求未知的新知識

「對於我個人的專門領域上的工作，我可以說所向無敵，但是，這次的工作並不在我的專門之內，所以……。」

有的人在自己的工作範圍內，由於經驗老到，做起事來無可批評，但是，一旦接了不同範疇的任務時，就顯出猶豫不決的態度。這大概是對工作的不安所造成的吧。

但是，不能因工作不在自己的專長之內，就裹足不前。相反地應該把它當成是獲得新知的良機，積極地向它挑戰才是。

法國的哲學家——帕斯卡魯說：「對一事專精，不如對眾事遍熟。知識的多面性最重要。」

身具專業知識固然了得，但是，也應該對專門以外的知識有所了解。

因為學歷不夠……

不必在意學歷，只要自我提高能力

「我沒有值得誇耀的學歷，到頭來還是以學歷論長短的吧！」到了社會工作之後，有的人就會擔心起學歷的高低，會影響到今後的前途問題。

其實，有再了不起的學歷，若不努力也不會出人頭地。在社會上所重視的並非學歷，而是實力。

所以，只要增強自己的實力就無所畏懼。而增強實力的方法就是不停地學習。

瑞典的克麗斯汀奴女王說：「必須有自我向上的心志，而且，在有生之年要持續此意志不斷。」

所以，拋開學歷不談，最重要的是從今以後該如何地用功努力。

沒有值得效法模倣的人……

以自身的力量走出坦道來

「我以往都是以他爲榜樣，才有今天的成就，現在他走了，叫我今後該怎麼辦？」

有的人生性依賴，一旦失去了依靠就不知所措。

凡事不能全仰賴他人，自己的存在價值仍要由自己決定。

跟在人後學習是非常容易，不過，以同樣的步調摸索前進，其間的差距應不太大。

英國文學家——強生說：「任何人都無法從模倣中超越自己。」

下一步才是真正的勝負決鬥，好好地發揮自己的實力，向前邁進吧。

生活中缺乏己見的人，有如沒有羅盤的水手，在浩瀚的大海裡隨波逐流。

事情繁多哪顧及用功……

先決定用功的時間

「我有心學習，不過諸事繁多，難以實行。」

無法靜下心來用功的理由很多，最常聽到的是事情多而騰不出時間。其實，若有心學習，卻沒有付諸行動，和無意用功者根本毫無差別。總而言之，必須身體力行。

爲此，必須犧牲某些東西。如果把喜歡做的事先完成之後再來用功，是言過其實了。

羅馬的諷刺詩人——友維那里斯說：「任何人都想學習，卻沒有人願意付出代價。」

在沒有任何犧牲下的學習，一天的時間是不夠的。所以，先決定好用功的日程，才付諸實行吧。

好不容易從學習中解放出來……

學無止境

「終於對工作駕輕就熟，知識也豐富多了。這下子該不用再讀書用功了吧！」

當一個人對現狀已經滿意時，就會鬆弛了學習的精神。

但是，千萬不可鬆懈下來，一旦疏忽了學習，就難以再有所長進，而且以往的心血都將化爲烏有。

重要的不是過去如何，而是現在及未來。今後的努力一定要勝過既往，因爲學習路程中是沒有終點的。

中國的詩書，《韓詩外傳》中有這麼一句話：

「學不止，覆棺而止。」

持續著學習的心是最重要的。而且要明白「學無止境」，在有生之年爲自己的成長不停地學習吧。

對推銷似乎不在行……

比別人多付出些行動

「我的說服力似乎差了點，好像不適合做推銷的工作。」

在推銷業工作的人，遇有業績不見長進，難以和客戶達成協定時，就會有人懷疑自己也許走錯行了。

問題在於個人的行動上。一般推銷員的活動時間都差不多，而業績之所以有高低之分，就是活動的「質」有別所造成的。

若發現自己的行動上有任何缺失時，必須想辦法彌補。譬如，別人只有一次探訪客戶，自己就勤快些跑個五、六趟。

中國四書之一的《中庸》上有一段話是這麼說的：「人一度能則己百度。人十度能則己千度。果能如此愚必明，柔必強。」

比別人多付出些行動，一定可以補足其間的差距而有過之。

想發揮個性……

為使個性充分發揮必先做好根本

「我想在工作上有點個人的創意，卻得不到別人的認可。」對工作有所抱負而不能發揮時，就有人會發起牢騷抱不平。

但是，在工作中發揮個性說來是簡單，實際上是件不容易的事。

首先，工作上的基本條件一定要做好。如果基本都做不好，要談個人創意就有點「痴人說夢」了。

日本俳人──松尾芭蕉說：「入格而出格才能得自在。」（格＝基準）

發揮個性的時候總有一天會到來，爲了達到這個理想，從現在開始就應該牢實地打好根基。

「創意」的欣賞，是可以意會而不可以言傳的；這隨各人的心境志趣而不同。

再怎麼努力也得不到認可……

以努力為平日的目標

「我這麼賣命，也沒人在意，叫我怎麼做得下去。」有的人在人前的確是苦幹實幹，但是在人後卻如此地發牢騷。

努力或用功並不是要表現給別人看的。而是爲了提高自己的能力。其結果雖然會獲得別人所肯定，但卻不是它的目的。

日本儒學家——三浦梅園說：「人該認知學問有如飯食，因腹餓而爲之，並不如字畫的觀賞而爲之。」

每一個人內心都有自己一套不通情理的理論，不要以爲努力是件很特別的事。必須以平常心當作日常的功課來處之。

難得有學習的機會……

在實踐之中學習

「到社會工作之後，讀書用功的機會就少了。雖然我也明白應該不停地學習……。」

沒有機會學習也是上班族常強調的藉口之一。

其實，學習並沒有所謂的「機會」，隨時隨地都有學習之處，只要真的有心學習。而且，出了社會後，該學習的事物太多了。問題在於人有沒有好學的意志。

法國的神學家——夏龍說：「人類的真正學問、真正研究，就是人類自己。」

上班族在工作中，藉由公事每天會和各式各樣的人碰面，彼此互通訊息，這當中就有許多學習的地方。並不是端坐在桌前啃書本就是學習。在實踐中一樣可以達到學習的效果。

不知該學些什麼……

站在對方的立場來研究

「接下來要好好用功，問題是要學什麼呢？」

當上司或主管提及學習的重要時，就有人一頭霧水不知從何做起。

其實，營業人員和外界接觸的機會很多。不過，如果只是和別人東聊西扯的話，寶貴的時間都浪費掉了。

與他人相處最重要的是，確實地掌握住對方的人品或心志活動，而表現出能夠博得對方好感的態度來。

英國的文豪——保羅說：「我的唯一研究就是人。」

聰明人從別人的過錯中記取經驗，傻子非自己犯錯不得教訓。學習該如何獲得對方的好感，是擴展自己商業生命的最佳手段。

學生時代可是標準的讀書人……

持續著用功的習慣才重要

「當學生的時候可是好好地讀了一些書。不過最近卻不常看書了。」當翻閱學生時代的一些書本筆記時，相信有不少人會有如此的感慨。人是容易淡忘的動物。即使在學生時代讀過萬卷書，一旦時光流逝，記憶就變得薄弱了。

所以，學習這回事沒有回顧只有往前。要能持續著以往的用功習慣，才能從學習中得到幫助。

法國的道德家——布盧依耶魯說：「知性和所有的事物一樣地消耗。學問是其營養，既能培養之也會消耗之。」

該學習的東西太多了。回顧學生時代，再反省目前的自己，應該再接再勵地學習才是。而且，必須持之以恆。

有人說：「為時晚矣。」……

持續用功者才是最後的勝者

「喂，現在才開始用功有何用啊？已經來不及了。」

當朋友在耳邊如此地嘀咕時，有的人就把原本想要求知學習的念頭打消了。

學習是件要緊的事。不能因爲朋友的三言兩語就把它否定掉。

而且，學習當中並無年齡的限制，只要有心就有資格學習。雖然學習本身並不輕鬆，但是有努力必定有相對的成果。

英國的自然科學家——雷說：「學習絕無太遲、太老之事。」

所以，「爲時晚矣」在學習中是錯誤的見解。千萬不要失去對學習的意願，而且要持久不渝。不可因他人的三言兩語而改變初衷，打開書本追求新知吧！

學生時代所讀的書全派不上用場

真正的學習從現在開始

「高中、大學所讀的書都沒有用。不知道是爲什麼在啃書本的？」到社會工作之後，有人會一再地強調學生時代的用功是徒勞無功。

但是，這並不表示學校不好或教育失敗。其實，學生時代的知識之所以派不上用場，關鍵全在自己本身。

如何將學生時代的所學加以活用，全憑個人的心志所處。而真正的學習事實上是從現在開始。

美國的思想家——艾馬森說：「小學、高中或大學所傳授的並不是教育，而是教育的手段。」

從今以後，應該依自己的意志來學習。而且不要枉費學生時代的知識，應加以活用在今後的學習上。

有如對牛彈琴……

應從工作現場中學習

「爲什麼不能了解我說的話呢？怎麼不聽我的意見？」

本來工作非常認真的林先生，最近卻變得愛發牢騷而且意興闌珊了。

林先生因爲公司的人事易動，調了部門，突然手下有十數名員工要管理。但是，他的自信在幾天內就消失殆盡。

林先生的錯誤是出在沒有重視現場工作的狀況。想利用從書本中獲得的知識來說服部屬是行不通的。

美國的教育家——歐魯克特說：「與其書本，不如見聞，與其地位，不如經驗，才是至上的教育家。」

所以，以林先生的例子必須親臨工作現場，從中學習才是。

因為本性難移……

性格是磨鍊出來的

「做什麼事別人都說缺乏積極性，這乃性格使然，毫無辦法。」對自己的個性，有的人就是固執不改。

要改變性格的確是件難事，但是，話雖如此卻不表示任由個性發揮就是好事。

大多數人的性格，都是在人生當中磨鍊出來的。所以，反過來說，性格也是可能塑造的

英國的哲學家——史賓沙說：「教育的目的在於性格的養成。」

請在今後所塑造的性格中，加上積極性吧。如果覺得改變個性不易，就請考慮創造新的個性吧。這當中必須有不停的自我挑戰。

如果我們保持良好的品格，就足夠富裕了。

愛好推理小說……

學習歷史上的人物

「常看推理小說，不過，對歷史故事卻不感興趣……。」喜歡推理小說的人，一般對其他性質的書籍都不感興趣。看推理小說可以訓練思考能力，的確有它的好處，不過，偶爾也應該試著閱讀傳記文物或歷史書。

這些書籍會教導我們許多的道理。藉由歷史上人物的生平事蹟，可以從中學習如何思考、決斷等等。

希臘的哲人——蘇格拉底說：「花時間來閱讀他人的書物，從他人的辛苦經營中，才容易完成自我的改善。」

人可以攀至峰巔，卻不能在那裏逗留太久。學習歷史上人物的許多優點長處，一定可以助益自己的思考及行動模式。

目前還有未讀完的書……

重視與好書的接觸機會

「朋友介紹了一本好書。我想那本書應該不錯，不過，現在手頭上還有一些書，改天再借來看吧！」

碰到朋友推薦好書時，有的人會如此輕忽地拒絕掉。

能遇到好書的機會，並不多。自己認爲是本好書，就應該馬上閱讀。

美國作家——索羅曾說過：「一開始就要讀好書，若不這樣做，就完全沒有讀那些書的機會。」

我們應該重視遇到好書，因遇到一本好書，不只能使我們受益、感動，也會改變人生觀。遇到好書，就如同遇到自己人生的老師，不可輕忽。

讀了許多書……

從書本中學點什麼

「平常喜好讀書，也讀了許多書，但是，難得看到對自己有幫助的書……。」

有的人讀遍萬卷書，卻還不知書中的「顏如玉」。毫無設限地廣泛讀書籍，絕不是錯誤。但是，如果想從書本中獲得某些知識，必須找出特定的目標去涉獵才是。

德國的宗教改革家——魯達說：「增進學歷並非多讀，而是精閱良書。」

看中意的書，不是隨意翻閱瀏覽罷了，必須積極地從書本中領略一些事物。在慢慢品嘗中才能懂得書中的真髓與精華。

沒有中意的書……

重點在看完書之後

「最近沒什麼好書。到書店也看了不少書，就是沒有一本好的。」陳先生對文化界如此地抱怨，但是，當問及何以不滿意時，卻答不出個所以然。

其實，陳先生並沒有好好地掌握住書中的內容。讀書最重要的，不是讀的多寡，而是讀後的感想。

英國的政治家——巴克說：「讀書後不思考，就等於吃飯後不消化一樣。」

讀完了書之後，不是要立刻再看另一本書，而應該仔細地想想書中的內容。到底其中的重點在那裡，經過一番思索之後再整理出頭緒來。

上司贈閱一本書……

抱著目的閱讀

「上司叫我看這本書。平常我也不討厭讀書，但是，現在就是沒讀書的心情。」

劉先生接到主管贈送的書後，如此感慨地說。劉先生的主管並非爲了調侃或折苦他而送他書本，應該是爲了他而贈閱的吧。

當然，人各有所好。在讀書方面，任何人也都想在自己的興趣範圍內涉獵知識。

英國的政治家——李頓說：「毫無目的的讀書是遊戲，並非讀書。」

從自己的適性中來閱讀書籍，其效果一定不錯，不過，爲了增廣見聞，有些時候也應該以某些目的來讀書。所以，劉先生應當感謝上司給了他閱讀的機會，好好地從中吸取教訓吧。

第六章　成功

‧最可貴的是行動中的努力

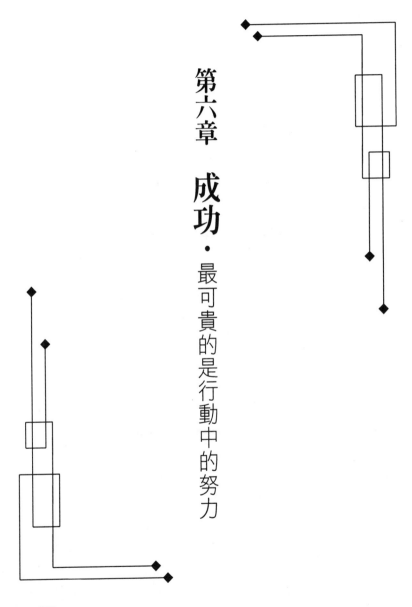

行動不一定會帶來幸福；可是，沒有行動就一定沒有幸福。

英國政治家
——迪斯雷李

對方說下次再談吧……

藉口或辯解都沒用

「客戶說這一次實在沒辦法，下一次再談吧。所以，這次的契約沒有締成……。」

黃先生向上司報告沒有達成協定的理由。

的確，在商場上也發生過類似的情況，但是，並非常有之事。

，舉出再多的理由來說明，何以沒有和客戶簽下契約，其結果仍舊是一樣的。

英國的劇作家——莎士比亞說：「對失誤辯解是越強調失誤的行為。」

一棵樹除非在春天開了花，否則難望在秋天結實。藉口或辯解都於事無補，重要的是要捫心自問，何以事態會演變成如今的地步，而反省自己的行動。原因一定出在自己身上。

難以把握機會……

為此機會的到來而努力

「我每次都錯過良機，是不是自己不會把握機會？」

當機會從身邊溜過時，有的人會懊悔自己的行動遲鈍沒有掌握住機會。

事實上，任何人都可能碰到機會，問題在於有無面對機會的能力。

一個人一定要站起來，不是由他人參扶著站起來。當再好的機會臨頭時，如果一切尚未準備就序，就無法活用難得的機會了。

由於機會的來臨並非人可預料，所以，平常就該磨鍊自己的能力以備良機。

法國的化學家——巴斯茲魯說：「偶然並無法拯救準備未妥之人。」

若是平常沒有紮實地下功夫努力，一定會錯失良機。每一天都可能是機會來臨的時候，所以平時就必須有萬全的準備與努力。

風險太大提不起興致……

成果與風險的大小成正比

「任何工作都有風險，不過這次的風險特別大，實在提不起幹勁。」工作的難度越高，興致就越少，相反地，碰到輕鬆可以解決的事，大家就搶先著做。

其實，凡事都操縱在人心。如果把成果和風險視若互成正比的關係，再大的工作挑戰就無所畏懼了。

說不定因此而產生強烈的工作慾望，所以，鼓起勇氣向工作挑戰吧。

希臘的悲劇詩人——葉烏黑畢德斯說：「危險對勇者而言，有如太陽般地輝耀。」

每分每秒都是自己發揮能力的時候，不論何時何地都以果敢、前進的積極態度來面對各項試煉吧。

工作已經告一段落了，然而……

向更困難的工作挑戰

「工作已經完畢了，卻好像少了些什麼，總覺得一切都結束了似的。」完成了任務的蘇先生，彷彿若有所失。

本來，順利地把工作完成，是件不容易的事。只是，對蘇先生而言，那份工作並不礙手。

人爲了突破現狀更上一層樓，必須向更艱難的工作挑戰。經歷了重要難關之後，才會產生自信與滿足感。

法國的劇作家——克魯內依由說：「沒有冒著危險而來的征服，是沒有光彩的勝利。」

確實地完成上司所指派的工作乃是份內之責，而不停地向更困難的工作挑戰，才是個人成長的最佳手段，同時也才能從中獲得最大的滿足。

差一點就成功了……

最後一步決勝負

「事情本來都進行得非常順利。我覺得一定可以成功。怎麼就差那麼一點點……。」

眼看著即將完成的工作，卻在最後關頭化爲烏有，的確叫人扼腕嘆息。

事情的成敗非到最後的一分一秒是無法預料的。尤其是最後的階段最重要。不論其間克服了多少困難，花了多少心血，功虧一簣的事實是永不改變的。

所謂「行百里路半九十」，勝負關鍵全在最後的努力。如果在這個節骨眼粗心大意，結果常會大失所望。

法國的皇帝，拿破崙說：「最大的危險存在於勝利的瞬間。」

在成功之前，絲毫都不能鬆懈。應當認清楚最後一步的重要，爲達到成功而奮鬥到底。

不想外出活動……

缺乏行動則無成果

「下這麼大的雨，到客戶那兒也沒什麼搞頭。啊！真不想出去。」有的營業人員碰到天候不佳或路況不好等情形時，就一身地懶骨頭，不想到外頭跑業務。

的確，在如上的情況下，不見得會有什麼成果。但是，整天守在公司裡更談不上業績。只要覺得有些許的可能性，就應該到客戶那兒走動走動。

不過，如果是意興闌珊地外出，和鎮守公司的效果是一樣的。必須精神抖擻地抱著工作的熱誠與目的外出。

英國的政治家——迪斯雷李說：「行動不一定會帶來幸福；可是，沒有行動就一定沒有幸福。」

換句話說，成果必須由行動來獲得，一切都由行動開始。

本來一切風調雨順……

失敗是一次的警告

「哎！終於我也失敗了，本來一切都進行得頗順暢的嘛……」

事情的轉變絕非人可預料，看似十拿九穩的事情，也可能一敗塗地。不過，不要因爲失敗就失望。雖然它難免給人些許精神上的打擊，卻不必太在意。失敗是一次的警告。因此要坦然地接受警告，反省自己的行動，藉以預防重蹈覆轍。

英國的劇作家——莎烏贊說：「失敗不是落魄的原因，而是新鮮的刺激。」

人生逆境十之八九，從消極面來看，失敗是信心的殺手；但從積極面來看，危機未嘗不是轉機。記取失敗的教訓，以新的心情來面對工作的試煉吧。不計較過去，只在意現在與未來，才能開創光明的前程。

弄錯和客戶約定的時間……

凡事事前審視一下

「把和客戶見面的時間弄錯了，哎呀！怎麼辦，完蛋了……。」

遵守時間是營業人員的常識。不過，既然已經弄錯了時刻，再怎麼懊惱也改變不了事實。

解決之道第一是先向客戶鄭重地道歉。然後記取這一次的教訓，不要再犯第二次。

美國的牧師——查尼克說：「失誤與失敗都是我們向前邁進的訓練。」

自以爲萬事俱備，其中卻可能有所漏失，困難使心智強健，其如勞動之使身軀強壯。應該以此機會再反省自己對事情的謹慎態度。

做什麼都失敗……

以失敗當作自己的激勵

「為什麼我老是失敗？經常出小差錯，誤大事。」

對於屢戰屢敗的經驗，不免令人覺得氣餒。

人有二種類型，一種是一蹶不振的人，而另一種是從失敗中學習教訓的人。

相較之下，後者絕不會在失敗中反覆打轉。而且，從失敗中再振作起來也非常快，甚至可能將失敗轉變為成功。

美國的詩人——龍格菲羅說：「有時候我們反而從別人的失敗中學習了更多的教訓。」

因一次的失敗而落落寡歡，這個失敗一點價值都沒有。失敗本身也是難得的經驗，所以應該當作是自我的激勵，從中學習點什麼。

自我創業可能賺得較多……

成功的裡面有難以想像的努力

「那傢伙事業越做越大，而且每次都大發利市。自己出來做事，好像比較有搞頭……。」

和自我創業的朋友相較之下，領薪水階級的人不免會長噓短歎。

其實，成功並不容易。而且要持續著不敗更是難上加難。

換句話說，成功的背後有超乎人所想像的努力。它可能是無數次的徹夜未眠，絞盡了腦汁、體力才有的成果。

美國的博言學家——衛布斯塔說：「余之成功，單在勤勉而已。余一生之中，即使是一片麵包也未曾坐而食之。」

別人的成就的確令人羨慕，但是，不要光看成功外表，而要學習別人爲成功所下的努力。

我拼命奮鬥想要成功……

成功是平日努力的累積

「我爲了成功而努力工作，但是常常事與願違。」對於所付出的心血、勞力沒有相對的回報時，有的人常會自怨自艾。但是，事情的過程其實比結果還重要。

在做事的過程之中，重要的是自己有無盡了心、出了力。如果平日都苦幹實幹，不敢有所懈怠，那麼這些努力的累積一定可以帶來成功。

法國的作家——菲羅貝爾說：「成功是結果而不是目的。」

當然，人無利而不往，結果的成敗的確叫人擔心，不過，如果過份地在意結果，恐怕會疏忽了該有的行動。所以，只要每天都腳踏實地地全力以赴，成功自然會來臨的。

不要把人生看得太嚴肅，你絕對無法活著開它。

別人說做了也沒用……

工作中沒有徒勞無功

「做那些事幹什麼啊，光做些無聊的事有何屁用？你的腦筋是不是有問題？」

王先生讓同事這麼一說，內心深受打擊。

但是，不管周遭同事的觀感如何，只要是自己決定的事，就該帶著自信與榮譽感堅持到底。

法國的作家——蒙特魯蘭說：「成功地完成別人所蔑視的事情，是相當了不起的。因爲，其中必先戰勝別人與自己。」

工作中絕對沒有徒勞無功。每件事都必須有人做。而自己能夠主動地率先而爲才是了得。

不管他人的批評，只要堅持自己的信念，奮鬥到底就對了。

在意別人的反應……

只管把心放在工作上

「做這些事該不會遭人非議，指責吧！」

有的人在從事新的工作之前，都會有這般的顧慮。

凡事操之在己，不必要在意別人的反應。自己的人生、工作，應該由自己來做主，只管提起精神把持著信念與責任感來面對工作。

工作是爲自己而做，並不是爲了博取別人的好感而有所作爲的。

德國的文學家——金克魯說：「不介意別人好惡的人才能獲得成功。」

若有時間觀察上司及同事的臉色、反應，就該把它活用在工作之中。相信自己並努力地工作一定錯不了。

人生中最大的快樂，莫過於做到別人認爲你不能做的事。你覺得呢？

為了達到成功……

不怠懈全力以赴

「人該怎麼做才能成功呢？有沒有什麼秘訣？」

有的人只管探尋成功的秘訣，而忘了實際的行動。

任何人都想成功，但是，世上絕沒有所謂的「成功的訣竅」。

因此，一再地窮研方法也得不到答案。只有一步步地踏實地去做，才能通往成功之道。

美國的實業家——卡內基說：「成功沒有任何秘訣。只有對工作的全力以赴。」

一點一滴的努力堆積下，才能獲得成功的美果。所以，爲求成功，就要萬事盡力處處用心。

完美的工作，都是許多小的注意和小的工作相集而成的，所以成大事者，都是細心的注意和努力不懈。

處在嚴格無情的現實社會……

以勇氣與行動向現實挑戰

「現實是無情的，不是那麼容易就可以成功的，對我而言想成功比登天還難。」

有的人一開始就抱悲觀的態度，對成功認爲是遙不可及的奢望。

的確，現實是冷酷無情，而成功也絕非易事。但是，凡事都未踏出一步就畏縮不前，更談不上有何成果。

日本明治時代的實業家——安田善次郎說：「世路雖非平坦，若能勇往邁進，必達成功彼岸。」

因爲現實是嚴厲的，需要勇氣去面對。積極向前的意志比任何都重要。失敗不算錯，志氣小才罪過。

請相信必有成功的一天，勇敢地面對各種困難，以勇氣與行動突破人生的許多障礙吧。

真羨慕達成目標的人……

集中所有的心力在自己該做的事上

「我周遭的人都達成目標了，就只有我望塵莫及。我好像什麼都比不上人家。」

對別人的成功，有的人只會更加懊惱自己的愚蠢而悲歎不已。

在四周都奏起凱歌，只有自己未能參與，其中的心境是不難想像的。但是，該做的事若因此而擱置不管，更無法使自己成長了。

現在的景況並沒有時間去猜想別人的功績與成果，只有傾注所有的心思在自己該做的事上。

美國的實業家——瓦那梅卡說：「成功的方法不一定要得知。只要懂得一事當何所爲，而傾全力就足夠了。」

所以，不必講求方法論，專注你所能，而不要在意你所不能。只管紮實地一步步地往前邁進就對了。

成功的滋味如何？……

為實現目標而努力

「真想成功一次，那時候的感受不知如何？」

爲踏成功之嶺而夢想其景況的人似乎不少。

任何人都想成功，不過光是夢想則成不了事。應該面對現實而努力。

法國的數學家——J・H・波安卡雷說：「欣羨成功的榮冠，並無可指謫，但只爲憧憬此榮冠而虛擲光陰，就該責備。」

一天二十四小時，每個時刻都不可白費。一天一天地努力的累積才能造就成功。思考一下今天一天該怎麼做才能與成功結緣，而好好地奮鬥呢？

我們能夠常跑在工作之前，不欠工作的債，自覺能力綽有餘裕，成效自然增進。凡百事情，只怕不去做，能去做，沒有不成功的。

這個月的業績不太好……

盡全力則成果可待

「上個月幹得還不錯，這個月就不行了。其實做的事情都一樣……。」當自己的業績下跌時，有的人搞不懂其中的緣由。

其實，理由非常明白。問題就出在做事一陳不變。總以爲步調和以往一致，業績至少也會持平。

處事的原則並非以結果爲基準來行動，而是藉由全力以赴的結果來創造成功。

美國的發明家——艾迪生說：「成功並不以結果來衡量，應該以所花費的全部努力來論斷。」

不要計較過去的結果如何，當今之計就是盡全力以赴。若能使出渾身的力氣向工作挑戰，結果是可以期待的。

生平第一遭……

以失敗為教訓

「我一直都把目標完成得妥妥當當。但是，這個月的成績奇差。我從來都沒有這樣……。」

有的人在初嚐滑鐵盧時，都會如此地發牢騷。

首次的失敗的確會使人深受打擊，但是，若因此而氣餒也於事無補。時光是不容許人在哀聲歎氣中虛度的。

這時候應該心念一轉，振作起精神再面對新的挑戰。

英國的作家——史迪文生說：「我們的職責不在成功，而是不畏挫折更往前進。」

若因爲一次的失敗就意氣消沈，永遠也無法前進。百事之成也，必在敬之，應該記取失敗的教訓，鼓起勇氣再接再勵。

接下來該做什麼？……

一直挑戰下去

「我已經盡心盡力了卻一敗塗地。乾脆做點別的看看。」

一試不成，有人就會想另尋他路。

爲什麼不再試一次看看呢？搞不好下一次就成功了。凡事若是如此地輕易放棄，那麼以往所付出的心血、勞力等於是白費了。

逃避工作很容易，但是，逃得了一時卻逃不了一世。

英國的傳教者——希克頓說：「第一次不成功就再試一次、再試一次。……」

不可因爲事情進行得不順利就逃避，應該想想其中的解決之道，再一次、兩次地挑戰下去。任何事過去都有人想過，問題是，要再把它想一次。

機會總會來臨……

應做的事就先做好

「總有一天機會會來的，窮著急什麼？」

有的人對事並不積極，顯出一副樂觀消遙的態度。

的確，凡事都不需要著急。不過，眼前總有該必須完成的工作吧。

如果認爲總有一天機會會來臨，這種閒來無事的消極姿態絕對無法善用機會。

德國的詩人——朱拉說：「等待機會卻不等待時間。」

等機會來了之後，一切都太晚了。在此之前，應該把必須完成的工作處理妥當。

從現在就開始積極地準備，如此一來機會何時來臨，都能夠一馬當先，當機立斷了。

再等下次的機會吧……

每個機會都要守住

「現在有一個良好的機會，但是依我目前的能力，實在辦不成。這次就算了，等下次的機會吧！」

機會臨頭卻好端端地拱手讓人，委實令人可惜。

機會並不常有，而成功與否只是事情的結果罷了。如果一味地在意結果而錯失良機，永遠也成就不了事情。

法國的警言家——向弗魯說：「不要奢想機會會二度光臨。」

機會來時，就該緊抓著不放。一心一意想著非善用此機會不可，有此雄心霸氣才不會白費機會。

同樣的環境能獲得超人的見解，就是「獨識」。同樣的生活，能練出不同的功夫，就是「獨能」。

也許上司排斥我……

機會在自己手中

「我總是沒有機會。說不定上司討厭我。」

因自身境遇不好，有的人就會心生猜忌而胡思亂想。

光是等待機會是不行的。與其悲歎機會沒有臨頭，不如先貯備自己的實力。

若有實力就無須抱怨機會不來。因爲自己就可以憑實力創造出機會。

英國的道德家——史邁魯茲說：「若是良機不來，就自己創造良機。」

想要自己製造機會，首先必須培養自己活用機會的實力。相信機會乃操在自己手中，不停地努力以增強實力吧。

生命中成功的秘訣，是隨時準備把握時機。

說要做了怎麼又嘮叨不停……

言出必行，行必當先

「我又不是不做，已經明白地說要做了，怎麼又嘮叨個不停。」當上司有所指謫時，有的人就會如此地不滿。其實，以上司的立場看來，有些部屬光說不練，不由得叫人想催促幾聲。

工作是有期限的，這個期限必須遵守。如果自己答應做某事，就該言行如一，積極地去做。

西班牙的作家——西魯班斯說：「當陽光普照之時就該做好乾草。」在上司有所微言之前，就應該把份內的工作做好。若討厭別人的嘮叨，就勤快點做事。不要拖延，現在正是做事的時候。

成功六訣：誠懇、正直、謙遜、禮貌、智慧、施與。

只要把交待的事做好……

朝機會努力

「對我而言機會並不重要。只要把交待的事認真做好才重要。」

有的人確實是小心翼翼地處理自己份內的工作。

不過，只是把交待的事做好，並無法提升自己的能力。想提升自己的能力必須努力。

而決定我們努力的方向的，就是機會。只有面對機會時，才會湧現努力的意志。

希臘的悲劇作家——蘇弗克雷斯說：「機會是所有努力的最高指導。」

經常懷抱著目的意識，積極地朝前努力，才是提升自己的能力的最佳方法。

只有自己沒有機會…

別錯失良機

「為什麼只有我沒有機會？我做得又不比別人差……。」

人各有境遇，難免會有懷才不遇之人。

並非沒有機會。只是自己沒有留意到機會而已。或者，沒有好好地善用機會。

機會是不會事先向我們打招呼，也不會偷偷地通風報信的。

它必須由我們自己的雙手去尋覓、去創造。

英國的作家——布魯巴說：「機會會探訪每一個人，只是懂得善用它的只佔少數。」

事情在適當的時候去做，時間可以節省；背道而行往往徒勞無功。平常應該留意勿失良機，發揮自己最大的力量地抓住它並利用它。

實力總難發揮……

自求可以發揮實力的場所

「我認爲自己有實力，但是卻沒有發揮之處。」

有的人認爲自己的能力沒有十足地發揮，而心有不平。

再優秀的才幹，若無從發揮，的確是一種無形的浪費。

德國的文學家——霍魯達說：「若無機會，強者之手有如上了枷鎖。正如失爪的老虎，一身的蠻力有何用處。」

當自己認爲實力無法完全地發揮時，應求可以發揮實力的場所或工作，以善盡其用。

轉職、轉業也許是一個方法。若有實力，自己出外闖闖也無妨。

有與眾不同的本領，必有與眾不同的價值。敢做常人所不敢做的工作，必有常人所不及的才能。

結果如眾所知為什麼事到如今……

要有衆人皆退我獨往的氣概

「別人做了幾次都失敗的事，爲什麼我非做不可？結果不是已經很明白了嗎？」

對於目前的工作，有的人會諸如這般地鬧彆扭。

以這種心態去面對工作，結果是可想而知的。如果拋開心中鬱結，以新的心境去處理公事時，結果可能會有所改變。

正由於別人都處理不來，自己才更需要表現出唯我獨行的氣概。而且，在這一股衝勁下，局勢一定大轉。

日本的儒學家——佐藤一齋說：「有志之士如利刃，百邪避易。無志之人如鈍刀。」

先思索何以失敗的原因，再使出全身的解數與努力向艱難的工作挑戰。

被調職了……

開創前程全靠自己

「爲什麼我被調職？到那個地方就完蛋了，我的一生都沒指望了。」

游先生對突然的人事調動傷心欲絕，不會喝酒的他，卻一口口地猛灌黃湯。

若認爲已經絕望，到那兒去業績都不會好。應該在新的工作地點，更振作精神去開拓自己的人生才對。

羅馬的詩人——歐維迪烏斯說：「機會隨處都有。放好釣餌，隨時準備魚兒上鉤吧！在認爲釣不到之處經常有魚。」

所以，對游先生而言調職並非不好，倒要認爲是一個機會。若不把握住機會善加活用，天邊海角就無自處之處了。

拋開一切無聊的想法，帶著愉快的心情上任吧。如此才能拓展自己的人生。

想玩味一下成功的滋味……

做到滿意為止

「別人成功時的神態，似乎充滿了滿足感。我也好想品味一下成功的滋味。」

在成功者的周圍，總有一些帶著欣羨眼光的人。

任何人都想成功。但是，在朝成功邁進的過程中，卻鮮少有人抱著充實感、滿足感去從事自己的工作。

其實最重要的是，每一天都帶著滿足感完成工作。

法國的哲學家——阿蘭說：「不是成功才滿足，而是滿足了才算成功。」

滿足，是使人快樂的最主要因素。每天的工作都做到自己滿意的程度，如此持之以恆，一定會有好的收成。

若沒有失誤……

不因為成功而滿足

「好不容易陞遷之事已經成了定局。接下來只要沒有過失就好了。」功成名就的張先生，忍不住心中的喜悅而如此透露。

不過，對他而言成功也許是負面的影響。因爲，功成名就反而支配了他的工作態度。

人必須有經常往更高的目標挑戰的鬥志。若只想守住目前的成就而畏懼失敗，這個人已經無法再精益求精了。

《管子》一書上說道：「功成者墮，名成者虧。」

不可因爲成功就自我滿足，否則難得的成功將失去其原本的意義。請不忘初衷，繼續努力吧！

工作熱忱得不到對方的理解……

失敗的原因全在自己

「我已經盡了最大的努力。只是對方不能了解我的熱忱，不能締結契約也沒辦法。」

有的人當無法完成任務時，就把責任推御給別人。

當然，並不是每一件契約都能順利完成。要想把所經手的契約全部締成，簡直是不可能。

但是，每一件契約都不成，又把責任往別人身上推，則另當別論。

五經之一的《春秋左氏傳》中說：「善敗由己，不由人也。」

「欲信人，必先自信。欲知人，必先自知。」並不是對方不了解自己的誠意，而是自己沒有把誠意傳達給對方。對自己追究責任才有進步。

大展出版社有限公司
品冠文化出版社
圖書目錄
地址：台北市北投區(石牌)
致遠一路二段 12 巷 1 號
郵撥：01669551＜大展＞'
電話：(02) 28236031
28236033
傳真：(02) 28272069

法律專欄連載・大展編號 58

台大法學院　法律學系／策劃
法律服務社／編著

1.	別讓您的權利睡著了(1)	200 元
2.	別讓您的權利睡著了(2)	200 元

・生 活 廣 場・品冠編號 61・

1.	366 天誕生星	李芳黛譯	280 元
2.	366 天誕生花與誕生石	李芳黛譯	280 元
3.	科學命相	淺野八郎著	220 元
4.	已知的他界科學	陳蒼杰譯	220 元
5.	開拓未來的他界科學	陳蒼杰譯	220 元
6.	世紀末變態心理犯罪檔案	沈永嘉譯	240 元
7.	366 天開運年鑑	林廷宇編著	230 元
8.	色彩學與你	野村順一著	230 元
9.	科學手相	淺野八郎著	230 元
10.	你也能成為戀愛高手	柯富陽編著	220 元
11.	血型與十二星座	許淑瑛編著	230 元
12.	動物測驗—人性現形	淺野八郎著	200 元
13.	愛情、幸福完全自測	淺野八郎著	200 元
14.	輕鬆攻佔女性	趙奕世編著	230 元
15.	解讀命運密碼	郭宗德著	200 元
16.	由客家了解亞洲	高木桂藏著	220 元

・女醫師系列・品冠編號 62

1.	子宮內膜症	國府田清子著	200 元
2.	子宮肌瘤	黑島淳子著	200 元
3.	上班女性的壓力症候群	池下育子著	200 元
4.	漏尿、尿失禁	中田真木著	200 元
5.	高齡生產	大鷹美子著	200 元
6.	子宮癌	上坊敏子著	200 元

7. 避孕　早乙女智子著　200元
8. 不孕症　中村春根著　200元
9. 生理痛與生理不順　堀口雅子著　200元
10. 更年期　野末悅子著　200元

・傳統民俗療法・品冠編號 63

1. 神奇刀療法　潘文雄著　200元
2. 神奇拍打療法　安在峰著　200元
3. 神奇拔罐療法　安在峰著　200元
4. 神奇艾灸療法　安在峰著　200元
5. 神奇貼敷療法　安在峰著　200元
6. 神奇薰洗療法　安在峰著　200元
7. 神奇耳穴療法　安在峰著　200元
8. 神奇指針療法　安在峰著　200元
9. 神奇藥酒療法　安在峰著　200元
10. 神奇藥茶療法　安在峰著　200元
11. 神奇推拿療法　張貴荷著　200元

・彩色圖解保健・品冠編號 64

1. 瘦身　主婦之友社　300元
2. 腰痛　主婦之友社　300元
3. 肩膀痠痛　主婦之友社　300元
4. 腰、膝、腳的疼痛　主婦之友社　300元
5. 壓力、精神疲勞　主婦之友社　300元
6. 眼睛疲勞、視力減退　主婦之友社　300元

・心 想 事 成・品冠編號 65

1. 魔法愛情點心　結城莫拉著　120元
2. 可愛手工飾品　結城莫拉著　120元
3. 可愛打扮 & 髮型　結城莫拉著　120元
4. 撲克牌算命　結城莫拉著　120元

・少年偵探・品冠編號 66

1. 怪盜二十面相　江戶川亂步著　特價 189元
2. 少年偵探團　江戶川亂步著　特價 189元
3. 妖怪博士　江戶川亂步著　特價 189元
4. 大金塊　江戶川亂步著　特價 230元
5. 青銅魔人　江戶川亂步著　特價 230元
6. 地底魔術王　江戶川亂步著　特價 230元

7. 透明怪人　江戶川亂步著　特價 230 元
8. 怪人四十面相　江戶川亂步著　特價 230 元
9. 宇宙怪人　江戶川亂步著　特價 230 元
10. 恐怖的鐵塔王國　江戶川亂步著　特價 230 元
11. 灰色巨人　江戶川亂步著　特價 230 元
12. 海底魔術師　江戶川亂步著　特價 230 元
13. 黃金豹　江戶川亂步著　特價 230 元
14. 魔法博士　江戶川亂步著　特價 230 元
15. 馬戲怪人　江戶川亂步著　特價 230 元
16. 魔人銅鑼　江戶川亂步著　特價 230 元
17. 魔法人偶　江戶川亂步著　特價 230 元
18. 奇面城的秘密　江戶川亂步著　特價 230 元
19. 夜光人　江戶川亂步著　特價 230 元
20. 塔上的魔術師　江戶川亂步著　特價 230 元
21. 鐵人Ｑ　江戶川亂步著　特價 230 元
22. 假面恐怖王　江戶川亂步著　特價 230 元
23. 電人Ｍ　江戶川亂步著　特價 230 元
24. 二十面相的詛咒　江戶川亂步著　特價 230 元
25. 飛天二十面相　江戶川亂步著　特價 230 元
26. 黃金怪獸　江戶川亂步著　特價 230 元

・武術特輯・大展編號 10

1. 陳式太極拳入門　馮志強編著　180 元
2. 武式太極拳　郝少如編著　200 元
3. 練功十八法入門　蕭京凌編著　120 元
4. 教門長拳　蕭京凌編著　150 元
5. 跆拳道　蕭京凌編譯　180 元
6. 正傳合氣道　程曉鈴譯　200 元
7. 圖解雙節棍　陳銘遠著　150 元
8. 格鬥空手道　鄭旭旭編著　200 元
9. 實用跆拳道　陳國榮編著　200 元
10. 武術初學指南　李文英、解守德編著　250 元
11. 泰國拳　陳國榮著　180 元
12. 中國式摔跤　黃　斌編著　180 元
13. 太極劍入門　李德印編著　180 元
14. 太極拳運動　運動司編　250 元
15. 太極拳譜　清・王宗岳等著　280 元
16. 散手初學　冷　峰編著　200 元
17. 南拳　朱瑞琪編著　180 元
18. 吳式太極劍　王培生著　200 元
19. 太極拳健身與技擊　王培生著　250 元
20. 秘傳武當八卦掌　狄兆龍著　250 元
21. 太極拳論譚　沈　壽著　250 元

22. 陳式太極拳技擊法	馬 虹著	250 元
23. 二十四式 / 三十二式 太極 拳 / 劍	闞桂香著	180 元
24. 楊式秘傳 129 式太極長拳	張楚全著	280 元
25. 楊式太極拳架詳解	林炳堯著	280 元
26. 華佗五禽劍	劉時榮著	180 元
27. 太極拳基礎講座：基本功與簡化 24 式	李德印著	250 元
28. 武式太極拳精華	薛乃印著	200 元
29. 陳式太極拳拳理闡微	馬 虹著	350 元
30. 陳式太極拳體用全書	馬 虹著	400 元
31. 張三豐太極拳	陳占奎著	200 元
32. 中國太極推手	張 山主編	300 元
33. 48 式太極拳入門	門惠豐編著	220 元
34. 太極拳奇人奇功	嚴翰秀編著	250 元
35. 心意門秘籍	李新民編著	220 元
36. 三才門乾坤戊己功	王培生編著	220 元
37. 武式太極劍精華 +VCD	薛乃印編著	350 元
38. 楊式太極拳	傅鐘文演述	200 元
39. 陳式太極拳、劍 36 式	闞桂香編著	250 元
40. 正宗武式太極拳	薛乃印著	220 元
41. 杜元化＜太極拳正宗＞考析	王海洲等著	300 元
42. ＜珍貴版＞陳式太極拳	沈家楨著	280 元
43. 24 式太極拳＋VCD	中國國家體育總局著	350 元

・原地太極拳系列・大展編號 11

1. 原地綜合太極拳 24 式	胡啟賢創編	220 元
2. 原地活步太極拳 42 式	胡啟賢創編	200 元
3. 原地簡化太極拳 24 式	胡啟賢創編	200 元
4. 原地太極拳 12 式	胡啟賢創編	200 元

・名師出高徒・大展編號 111

1. 武術基本功與基本動作	劉玉萍編著	200 元
2. 長拳入門與精進	吳彬 等著	220 元
3. 劍術刀術入門與精進	楊柏龍等著	220 元
4. 棍術、槍術入門與精進	邱丕相編著	220 元
5. 南拳入門與精進	朱瑞琪編著	220 元
6. 散手入門與精進	張 山等著	220 元
7. 太極拳入門與精進	李德印編著	元
8. 太極推手入門與精進	田金龍編著	元

・實用武術技擊・大展編號 112

1.	實用自衛拳法	溫佐惠著	250 元
2.	搏擊術精選	陳清山等著	220 元
3.	秘傳防身絕技	陳炳崑著	230 元

・道學文化・大展編號 12

1.	道在養生：道教長壽術	郝　勤等著	250 元
2.	龍虎丹道：道教內丹術	郝　勤著	300 元
3.	天上人間：道教神仙譜系	黃德海著	250 元
4.	步罡踏斗：道教祭禮儀典	張澤洪著	250 元
5.	道醫窺秘：道教醫學康復術	王慶餘等著	250 元
6.	勸善成仙：道教生命倫理	李　剛著	250 元
7.	洞天福地：道教宮觀勝境	沙銘壽著	250 元
8.	青詞碧簫：道教文學藝術	楊光文等著	250 元
9.	沈博絕麗：道教格言精粹	朱耕發等著	250 元

・易學智慧・大展編號 122

1.	易學與管理	余敦康主編	250 元
2.	易學與養生	劉長林等著	300 元
3.	易學與美學	劉綱紀等著	300 元
4.	易學與科技	董光壁著	280 元
5.	易學與建築	韓增祿著	280 元
6.	易學源流	鄭萬耕著	280 元
7.	易學的思維	傅雲龍等著	250 元
8.	周易與易圖	李　申著	250 元

・神算大師・大展編號 123

1.	劉伯溫神算兵法	應　涵編著	280 元
2.	姜太公神算兵法	應　涵編著	280 元
3.	鬼谷子神算兵法	應　涵編著	280 元
4.	諸葛亮神算兵法	應　涵編著	280 元

・秘傳占卜系列・大展編號 14

1.	手相術	淺野八郎著	180 元
2.	人相術	淺野八郎著	180 元
3.	西洋占星術	淺野八郎著	180 元
4.	中國神奇占卜	淺野八郎著	150 元

5.	夢判斷	淺野八郎著	150 元
6.	前世、來世占卜	淺野八郎著	150 元
7.	法國式血型學	淺野八郎著	150 元
8.	靈感、符咒學	淺野八郎著	150 元
9.	紙牌占卜術	淺野八郎著	150 元
10.	ESP 超能力占卜	淺野八郎著	150 元
11.	猶太數的秘術	淺野八郎著	150 元
12.	新心理測驗	淺野八郎著	160 元
13.	塔羅牌預言秘法	淺野八郎著	200 元

・趣味心理講座・大展編號 15

1.	性格測驗　探索男與女	淺野八郎著	140 元
2.	性格測驗　透視人心奧秘	淺野八郎著	140 元
3.	性格測驗　發現陌生的自己	淺野八郎著	140 元
4.	性格測驗　發現你的真面目	淺野八郎著	140 元
5.	性格測驗　讓你們吃驚	淺野八郎著	140 元
6.	性格測驗　洞穿心理盲點	淺野八郎著	140 元
7.	性格測驗　探索對方心理	淺野八郎著	140 元
8.	性格測驗　由吃認識自己	淺野八郎著	160 元
9.	性格測驗　戀愛知多少	淺野八郎著	160 元
10.	性格測驗　由裝扮瞭解人心	淺野八郎著	160 元
11.	性格測驗　敲開內心玄機	淺野八郎著	140 元
12.	性格測驗　透視你的未來	淺野八郎著	160 元
13.	血型與你的一生	淺野八郎著	160 元
14.	趣味推理遊戲	淺野八郎著	160 元
15.	行為語言解析	淺野八郎著	160 元

・婦 幼 天 地・大展編號 16

1.	八萬人減肥成果	黃靜香譯	180 元
2.	三分鐘減肥體操	楊鴻儒譯	150 元
3.	窈窕淑女美髮秘訣	柯素娥譯	130 元
4.	使妳更迷人	成　玉譯	130 元
5.	女性的更年期	官舒妍編譯	160 元
6.	胎內育兒法	李玉瓊編譯	150 元
7.	早產兒袋鼠式護理	唐岱蘭譯	200 元
8.	初次懷孕與生產	婦幼天地編譯組	180 元
9.	初次育兒 12 個月	婦幼天地編譯組	180 元
10.	斷乳食與幼兒食	婦幼天地編譯組	180 元
11.	培養幼兒能力與性向	婦幼天地編譯組	180 元
12.	培養幼兒創造力的玩具與遊戲	婦幼天地編譯組	180 元
13.	幼兒的症狀與疾病	婦幼天地編譯組	180 元

14. 腿部苗條健美法	婦幼天地編譯組	180 元
15. 女性腰痛別忽視	婦幼天地編譯組	150 元
16. 舒展身心體操術	李玉瓊編譯	130 元
17. 三分鐘臉部體操	趙薇妮著	160 元
18. 生動的笑容表情術	趙薇妮著	160 元
19. 心曠神怡減肥法	川津祐介著	130 元
20. 內衣使妳更美麗	陳玄茹譯	130 元
21. 瑜伽美姿美容	黃靜香編著	180 元
22. 高雅女性裝扮學	陳珮玲譯	180 元
23. 蠶糞肌膚美顏法	梨秀子著	160 元
24. 認識妳的身體	李玉瓊譯	160 元
25. 產後恢復苗條體態	居理安・芙萊喬著	200 元
26. 正確護髮美容法	山崎伊久江著	180 元
27. 安琪拉美姿養生學	安琪拉蘭斯博瑞著	180 元
28. 女體性醫學剖析	增田豐著	220 元
29. 懷孕與生產剖析	岡部綾子著	180 元
30. 斷奶後的健康育兒	東城百合子著	220 元
31. 引出孩子幹勁的責罵藝術	多湖輝著	170 元
32. 培養孩子獨立的藝術	多湖輝著	170 元
33. 子宮肌瘤與卵巢囊腫	陳秀琳編著	180 元
34. 下半身減肥法	納他夏・史達賓著	180 元
35. 女性自然美容法	吳雅菁編著	180 元
36. 再也不發胖	池園悅太郎著	170 元
37. 生男生女控制術	中垣勝裕著	220 元
38. 使妳的肌膚更亮麗	楊　皓編著	170 元
39. 臉部輪廓變美	芝崎義夫著	180 元
40. 斑點、皺紋自己治療	高須克彌著	180 元
41. 面皰自己治療	伊藤雄康著	180 元
42. 隨心所欲瘦身冥想法	原久子著	180 元
43. 胎兒革命	鈴木丈織著	180 元
44. NS 磁氣平衡法塑造窈窕奇蹟	古屋和江著	180 元
45. 享瘦從腳開始	山田陽子著	180 元
46. 小改變瘦 4 公斤	宮本裕子著	180 元
47. 軟管減肥瘦身	高橋輝男著	180 元
48. 海藻精神秘美容法	劉名揚編著	180 元
49. 肌膚保養與脫毛	鈴木真理著	180 元
50. 10 天減肥 3 公斤	彤雲編輯組	180 元
51. 穿出自己的品味	西村玲子著	280 元
52. 小孩髮型設計	李芳黛譯	250 元

・青春天地・大展編號 17

1. A 血型與星座	柯素娥編譯	160 元
2. B 血型與星座	柯素娥編譯	160 元

3.	O 血型與星座	柯素娥編譯	160 元
4.	AB 血型與星座	柯素娥編譯	120 元
5.	青春期性教室	呂貴嵐編譯	130 元
7.	難解數學破題	宋釗宜編譯	130 元
9.	小論文寫作秘訣	林顯茂編譯	120 元
11.	中學生野外遊戲	熊谷康編著	120 元
12.	恐怖極短篇	柯素娥編譯	130 元
13.	恐怖夜話	小毛驢編譯	130 元
14.	恐怖幽默短篇	小毛驢編譯	120 元
15.	黑色幽默短篇	小毛驢編譯	120 元
16.	靈異怪談	小毛驢編譯	130 元
17.	錯覺遊戲	小毛驢編著	130 元
18.	整人遊戲	小毛驢編著	150 元
19.	有趣的超常識	柯素娥編譯	130 元
20.	哦！原來如此	林慶旺編譯	130 元
21.	趣味競賽 100 種	劉名揚編譯	120 元
22.	數學謎題入門	宋釗宜編譯	150 元
23.	數學謎題解析	宋釗宜編譯	150 元
24.	透視男女心理	林慶旺編譯	120 元
25.	少女情懷的自白	李桂蘭編譯	120 元
26.	由兄弟姊妹看命運	李玉瓊編譯	130 元
27.	趣味的科學魔術	林慶旺編譯	150 元
28.	趣味的心理實驗室	李燕玲編譯	150 元
29.	愛與性心理測驗	小毛驢編譯	130 元
30.	刑案推理解謎	小毛驢編譯	180 元
31.	偵探常識推理	小毛驢編譯	180 元
32.	偵探常識解謎	小毛驢編譯	130 元
33.	偵探推理遊戲	小毛驢編譯	180 元
34.	趣味的超魔術	廖玉山編著	150 元
35.	趣味的珍奇發明	柯素娥編著	150 元
36.	登山用具與技巧	陳瑞菊編著	150 元
37.	性的漫談	蘇燕謀編著	180 元
38.	無的漫談	蘇燕謀編著	180 元
39.	黑色漫談	蘇燕謀編著	180 元
40.	白色漫談	蘇燕謀編著	180 元

・健康天地・大展編號 18

1.	壓力的預防與治療	柯素娥編譯	130 元
2.	超科學氣的魔力	柯素娥編譯	130 元
3.	尿療法治病的神奇	中尾良一著	130 元
4.	鐵證如山的尿療法奇蹟	廖玉山譯	120 元
5.	一日斷食健康法	葉慈容編譯	150 元
6.	胃部強健法	陳炳崑譯	120 元

7. 癌症早期檢查法	廖松濤譯	160 元
8. 老人痴呆症防止法	柯素娥編譯	170 元
9. 松葉汁健康飲料	陳麗芬編譯	150 元
10. 揉肚臍健康法	永井秋夫著	150 元
11. 過勞死、猝死的預防	卓秀貞編譯	130 元
12. 高血壓治療與飲食	藤山順豐著	180 元
13. 老人看護指南	柯素娥編譯	150 元
14. 美容外科淺談	楊啟宏著	150 元
15. 美容外科新境界	楊啟宏著	150 元
16. 鹽是天然的醫生	西英司郎著	140 元
17. 年輕十歲不是夢	梁瑞麟譯	200 元
18. 茶料理治百病	桑野和民著	180 元
19. 綠茶治病寶典	桑野和民著	150 元
20. 杜仲茶養顏減肥法	西田博著	170 元
21. 蜂膠驚人療效	瀨長良三郎著	180 元
22. 蜂膠治百病	瀨長良三郎著	180 元
23. 醫藥與生活	鄭炳全著	180 元
24. 鈣長生寶典	落合敏著	180 元
25. 大蒜長生寶典	木下繁太郎著	160 元
26. 居家自我健康檢查	石川恭三著	160 元
27. 永恆的健康人生	李秀鈴譯	200 元
28. 大豆卵磷脂長生寶典	劉雪卿譯	150 元
29. 芳香療法	梁艾琳譯	160 元
30. 醋長生寶典	柯素娥譯	180 元
31. 從星座透視健康	席拉・吉蒂斯著	180 元
32. 愉悅自在保健學	野本二士夫著	160 元
33. 裸睡健康法	丸山淳士等著	160 元
34. 糖尿病預防與治療	藤山順豐著	180 元
35. 維他命長生寶典	菅原明子著	180 元
36. 維他命 C 新效果	鐘文訓編	150 元
37. 手、腳病理按摩	堤芳朗著	160 元
38. AIDS 瞭解與預防	彼得塔歇爾著	180 元
39. 甲殼質殼聚糖健康法	沈永嘉譯	160 元
40. 神經痛預防與治療	木下真男著	160 元
41. 室內身體鍛鍊法	陳炳崑編著	160 元
42. 吃出健康藥膳	劉大器編著	180 元
43. 自我指壓術	蘇燕謀編著	160 元
44. 紅蘿蔔汁斷食療法	李玉瓊編著	150 元
45. 洗心術健康秘法	竺翠萍編譯	170 元
46. 枇杷葉健康療法	柯素娥編譯	180 元
47. 抗衰血癒	楊啟宏著	180 元
48. 與癌搏鬥記	逸見政孝著	180 元
49. 冬蟲夏草長生寶典	高橋義博著	170 元
50. 痔瘡・大腸疾病先端療法	宮島伸宜著	180 元

51. 膠布治癒頑固慢性病	加瀨建造著	180 元
52. 芝麻神奇健康法	小林貞作著	170 元
53. 香煙能防止癡呆？	高田明和著	180 元
54. 穀菜食治癌療法	佐藤成志著	180 元
55. 貼藥健康法	松原英多著	180 元
56. 克服癌症調和道呼吸法	帶津良一著	180 元
57. B 型肝炎預防與治療	野村喜重郎著	180 元
58. 青春永駐養生導引術	早島正雄著	180 元
59. 改變呼吸法創造健康	原久子著	180 元
60. 荷爾蒙平衡養生秘訣	出村博著	180 元
61. 水美肌健康法	井戶勝富著	170 元
62. 認識食物掌握健康	廖梅珠編著	170 元
63. 痛風劇痛消除法	鈴木吉彥著	180 元
64. 酸莖菌驚人療效	上田明彥著	180 元
65. 大豆卵磷脂治現代病	神津健一著	200 元
66. 時辰療法—危險時刻凌晨 4 時	呂建強等著	180 元
67. 自然治癒力提升法	帶津良一著	180 元
68. 巧妙的氣保健法	藤平墨子著	180 元
69. 治癒 C 型肝炎	熊田博光著	180 元
70. 肝臟病預防與治療	劉名揚編著	180 元
71. 腰痛平衡療法	荒井政信著	180 元
72. 根治多汗症、狐臭	稻葉益巳著	220 元
73. 40 歲以後的骨質疏鬆症	沈永嘉譯	180 元
74. 認識中藥	松下一成著	180 元
75. 認識氣的科學	佐佐木茂美著	180 元
76. 我戰勝了癌症	安田伸著	180 元
77. 斑點是身心的危險信號	中野進著	180 元
78. 艾波拉病毒大震撼	玉川重德著	180 元
79. 重新還我黑髮	桑名隆一郎著	180 元
80. 身體節律與健康	林博史著	180 元
81. 生薑治萬病	石原結實著	180 元
82. 靈芝治百病	陳瑞東著	180 元
83. 木炭驚人的威力	大槻彰著	200 元
84. 認識活性氧	井土貴司著	180 元
85. 深海鮫治百病	廖玉山編著	180 元
86. 神奇的蜂王乳	井上丹治著	180 元
87. 卡拉 OK 健腦法	東潔著	180 元
88. 卡拉 OK 健康法	福田伴男著	180 元
89. 醫藥與生活	鄭炳全著	200 元
90. 洋蔥治百病	宮尾興平著	180 元
91. 年輕 10 歲快步健康法	石塚忠雄著	180 元
92. 石榴的驚人神效	岡本順子著	180 元
93. 飲料健康法	白鳥早奈英著	180 元
94. 健康棒體操	劉名揚編譯	180 元

95. 催眠健康法	蕭京凌編著	180 元
96. 鬱金（美王）治百病	水野修一著	180 元
97. 醫藥與生活	鄭炳全著	200 元

・實用女性學講座・大展編號 19

1. 解讀女性內心世界	島田一男著	150 元
2. 塑造成熟的女性	島田一男著	150 元
3. 女性整體裝扮學	黃靜香編著	180 元
4. 女性應對禮儀	黃靜香編著	180 元
5. 女性婚前必修	小野十傳著	200 元
6. 徹底瞭解女人	田口二州著	180 元
7. 拆穿女性謊言 88 招	島田一男著	200 元
8. 解讀女人心	島田一男著	200 元
9. 俘獲女性絕招	志賀貢著	200 元
10. 愛情的壓力解套	中村理英子著	200 元
11. 妳是人見人愛的女孩	廖松濤編著	200 元

・校園系列・大展編號 20

1. 讀書集中術	多湖輝著	180 元
2. 應考的訣竅	多湖輝著	150 元
3. 輕鬆讀書贏得聯考	多湖輝著	180 元
4. 讀書記憶秘訣	多湖輝著	180 元
5. 視力恢復！超速讀術	江錦雲譯	180 元
6. 讀書 36 計	黃柏松編著	180 元
7. 驚人的速讀術	鐘文訓編著	170 元
8. 學生課業輔導良方	多湖輝著	180 元
9. 超速讀超記憶法	廖松濤編著	180 元
10. 速算解題技巧	宋釗宜編著	200 元
11. 看圖學英文	陳炳崑編著	200 元
12. 讓孩子最喜歡數學	沈永嘉譯	180 元
13. 催眠記憶術	林碧清譯	180 元
14. 催眠速讀術	林碧清譯	180 元
15. 數學式思考學習法	劉淑錦譯	200 元
16. 考試憑要領	劉孝暉著	180 元
17. 事半功倍讀書法	王毅希著	200 元
18. 超金榜題名術	陳蒼杰譯	200 元
19. 靈活記憶術	林耀慶編著	180 元
20. 數學增強要領	江修楨編著	180 元

・實用心理學講座・大展編號 21

1.	拆穿欺騙伎倆	多湖輝著	140 元
2.	創造好構想	多湖輝著	140 元
3.	面對面心理術	多湖輝著	160 元
4.	偽裝心理術	多湖輝著	140 元
5.	透視人性弱點	多湖輝著	180 元
6.	自我表現術	多湖輝著	180 元
7.	不可思議的人性心理	多湖輝著	180 元
8.	催眠術入門	多湖輝著	150 元
9.	責罵部屬的藝術	多湖輝著	150 元
10.	精神力	多湖輝著	150 元
11.	厚黑說服術	多湖輝著	150 元
12.	集中力	多湖輝著	150 元
13.	構想力	多湖輝著	150 元
14.	深層心理術	多湖輝著	160 元
15.	深層語言術	多湖輝著	160 元
16.	深層說服術	多湖輝著	180 元
17.	掌握潛在心理	多湖輝著	160 元
18.	洞悉心理陷阱	多湖輝著	180 元
19.	解讀金錢心理	多湖輝著	180 元
20.	拆穿語言圈套	多湖輝著	180 元
21.	語言的內心玄機	多湖輝著	180 元
22.	積極力	多湖輝著	180 元

・超現實心靈講座・大展編號 22

1.	超意識覺醒法	詹蔚芬編譯	130 元
2.	護摩秘法與人生	劉名揚編譯	130 元
3.	秘法！超級仙術入門	陸明譯	150 元
4.	給地球人的訊息	柯素娥編著	150 元
5.	密教的神通力	劉名揚編著	130 元
6.	神秘奇妙的世界	平川陽一著	200 元
7.	地球文明的超革命	吳秋嬌譯	200 元
8.	力量石的秘密	吳秋嬌譯	180 元
9.	超能力的靈異世界	馬小莉譯	200 元
10.	逃離地球毀滅的命運	吳秋嬌譯	200 元
11.	宇宙與地球終結之謎	南山宏著	200 元
12.	驚世奇功揭秘	傅起鳳著	200 元
13.	啟發身心潛力心象訓練法	栗田昌裕著	180 元
14.	仙道術遁甲法	高藤聰一郎著	220 元
15.	神通力的秘密	中岡俊哉著	180 元
16.	仙人成仙術	高藤聰一郎著	200 元

17. 仙道符咒氣功法　高藤聰一郎著　220 元
18. 仙道風水術尋龍法　高藤聰一郎著　200 元
19. 仙道奇蹟超幻像　高藤聰一郎著　200 元
20. 仙道鍊金術房中法　高藤聰一郎著　200 元
21. 奇蹟超醫療治癒難病　深野一幸著　220 元
22. 揭開月球的神秘力量　超科學研究會　180 元
23. 西藏密教奧義　高藤聰一郎著　250 元
24. 改變你的夢術入門　高藤聰一郎著　250 元
25. 21 世紀拯救地球超技術　深野一幸著　250 元

・養 生 保 健・大展編號 23

1. 醫療養生氣功　黃孝寬著　250 元
2. 中國氣功圖譜　余功保著　250 元
3. 少林醫療氣功精粹　井玉蘭著　250 元
4. 龍形實用氣功　吳大才等著　220 元
5. 魚戲增視強身氣功　宮　嬰著　220 元
6. 嚴新氣功　前新培金著　250 元
7. 道家玄牝氣功　張　章著　200 元
8. 仙家秘傳袪病功　李遠國著　160 元
9. 少林十大健身功　秦慶豐著　180 元
10. 中國自控氣功　張明武著　250 元
11. 醫療防癌氣功　黃孝寬著　250 元
12. 醫療強身氣功　黃孝寬著　250 元
13. 醫療點穴氣功　黃孝寬著　250 元
14. 中國八卦如意功　趙維漢著　180 元
15. 正宗馬禮堂養氣功　馬禮堂著　420 元
16. 秘傳道家筋經內丹功　王慶餘著　300 元
17. 三元開慧功　辛桂林著　250 元
18. 防癌治癌新氣功　郭　林著　180 元
19. 禪定與佛家氣功修煉　劉天君著　200 元
20. 顛倒之術　梅自強著　360 元
21. 簡明氣功辭典　吳家駿編　360 元
22. 八卦三合功　張全亮著　230 元
23. 朱砂掌健身養生功　楊永著　250 元
24. 抗老功　陳九鶴著　230 元
25. 意氣按穴排濁自療法　黃啟運編著　250 元
26. 陳式太極拳養生功　陳正雷著　200 元
27. 健身袪病小功法　王培生著　200 元
28. 張式太極混元功　張春銘著　250 元
29. 中國璇密功　羅琴編著　250 元
30. 中國少林禪密功　齊飛龍著　200 元
31. 郭林新氣功　郭林新氣功研究所　400 元
32. 太極八卦之源與健身養生　鄭志鴻等著　280 元

・社會人智囊・大展編號 24

1.	糾紛談判術	清水增三著	160 元
2.	創造關鍵術	淺野八郎著	150 元
3.	觀人術	淺野八郎著	200 元
4.	應急詭辯術	廖英迪編著	160 元
5.	天才家學習術	木原武一著	160 元
6.	貓型狗式鑑人術	淺野八郎著	180 元
7.	逆轉運掌握術	淺野八郎著	180 元
8.	人際圓融術	澀谷昌三著	160 元
9.	解讀人心術	淺野八郎著	180 元
10.	與上司水乳交融術	秋元隆司著	180 元
11.	男女心態定律	小田晉著	180 元
12.	幽默說話術	林振輝編著	200 元
13.	人能信賴幾分	淺野八郎著	180 元
14.	我一定能成功	李玉瓊譯	180 元
15.	獻給青年的嘉言	陳蒼杰譯	180 元
16.	知人、知面、知其心	林振輝編著	180 元
17.	塑造堅強的個性	坂上肇著	180 元
18.	為自己而活	佐藤綾子著	180 元
19.	未來十年與愉快生活有約	船井幸雄著	180 元
20.	超級銷售話術	杜秀卿譯	180 元
21.	感性培育術	黃靜香編著	180 元
22.	公司新鮮人的禮儀規範	蔡媛惠譯	180 元
23.	傑出職員鍛鍊術	佐佐木正著	180 元
24.	面談獲勝戰略	李芳黛譯	180 元
25.	金玉良言撼人心	森純大著	180 元
26.	男女幽默趣典	劉華亭編著	180 元
27.	機智說話術	劉華亭編著	180 元
28.	心理諮商室	柯素娥譯	180 元
29.	如何在公司崢嶸頭角	佐佐木正著	180 元
30.	機智應對術	李玉瓊編著	200 元
31.	克服低潮良方	坂野雄二著	180 元
32.	智慧型說話技巧	沈永嘉編著	180 元
33.	記憶力、集中力增進術	廖松濤編著	180 元
34.	女職員培育術	林慶旺編著	180 元
35.	自我介紹與社交禮儀	柯素娥編著	180 元
36.	積極生活創幸福	田中真澄著	180 元
37.	妙點子超構想	多湖輝著	180 元
38.	說 NO 的技巧	廖玉山編著	180 元
39.	一流說服力	李玉瓊編著	180 元
40.	般若心經成功哲學	陳鴻蘭編著	180 元
41.	訪問推銷術	黃靜香編著	180 元

42.	男性成功秘訣	陳蒼杰編著	180 元
43.	笑容、人際智商	宮川澄子著	180 元
44.	多湖輝的構想工作室	多湖輝著	200 元
45.	名人名語啟示錄	喬家楓著	180 元
46.	口才必勝術	黃柏松編著	220 元
47.	能言善道的說話秘訣	章智冠編著	180 元
48.	改變人心成為贏家	多湖輝著	200 元
49.	說服的ＩＱ	沈永嘉譯	200 元
50.	提升腦力超速讀術	齊藤英治著	200 元
51.	操控對手百戰百勝	多湖輝著	200 元
52.	面試成功戰略	柯素娥編著	200 元
53.	摸透男人心	劉華亭編著	180 元
54.	撼動人心優勢口才	龔伯牧編著	180 元
55.	如何使對方說 yes	程 羲編著	200 元
56.	小道理・美好生活	林政峰編著	180 元
57.	拿破崙智慧箴言	柯素娥編著	200 元
58.	解開第六感之謎	匠英一編著	200 元
59.	讀心術入門	王嘉成編著	180 元
60.	這趟人生怎麼走	李亦盛編著	200 元
61.	這趟人生真逍遙	李亦盛編著	元

・精 選 系 列・大展編號 25

1.	毛澤東與鄧小平	渡邊利夫等著	280 元
2.	中國大崩裂	江戶介雄著	180 元
3.	台灣・亞洲奇蹟	上村幸治著	220 元
4.	7-ELEVEN 高盈收策略	國友隆一著	180 元
5.	台灣獨立（新・中國日本戰爭一）	森詠著	200 元
6.	迷失中國的末路	江戶雄介著	220 元
7.	2000 年 5 月全世界毀滅	紫藤甲子男著	180 元
8.	失去鄧小平的中國	小島朋之著	220 元
9.	世界史爭議性異人傳	桐生操著	200 元
10.	淨化心靈享人生	松濤弘道著	220 元
11.	人生心情診斷	賴藤和寬著	220 元
12.	中美大決戰	檜山良昭著	220 元
13.	黃昏帝國美國	莊雯琳譯	220 元
14.	兩岸衝突（新・中國日本戰爭二）	森詠著	220 元
15.	封鎖台灣（新・中國日本戰爭三）	森詠著	220 元
16.	中國分裂（新・中國日本戰爭四）	森詠著	220 元
17.	由女變男的我	虎井正衛著	200 元
18.	佛學的安心立命	松濤弘道著	220 元
19.	世界喪禮大觀	松濤弘道著	280 元
20.	中國內戰（新・中國日本戰爭五）	森詠著	220 元
21.	台灣內亂（新・中國日本戰爭六）	森詠著	220 元

國家圖書館出版品預行編目資料

這趟人生無限好 / 李奕盛編著.

—初版—臺北市，大展 ， 民 91

面 ； 21 公分 —（社會人智囊；61）

ISBN 957-468-147-5（平裝）

1. 生活指導

177.2　　91007629

這趟人生無限好

ISBN 957-468-147-5

編 著 者 / 李 奕 盛

發 行 人 / 蔡 森 明

出 版 者 / 大展出版社有限公司

社　　址 / 台北市北投區（石牌）致遠一路 2 段 12 巷 1 號

電　　話 / （02）28236031・28236033・28233123

傳　　真 / （02）28272069

郵政劃撥 / 01669551

E - mail / dah-jaan@ms9.tisnet.net.tw

登 記 證 / 局版臺業字第 2171 號

承 印 者 / 揚昇印刷股份有限公司

裝　　訂 / 欣亞裝訂有限公司

排 版 者 / 千兵企業有限公司

初版 1 刷 / 2002 年（民 91 年） 7 月

定　價 / 200 元